LE SAC

DE

L'HÔTEL-DE-VILLE DE STRASBOURG

(JUILLET 1789)

ÉPISODE DE L'HISTOIRE DE LA RÉVOLUTION EN ALSACE

PAR

ROD. REUSS

Extrait de la *Revue historique*,
Tome CXX, année 1915.

(Les tirages à part ne peuvent être mis en vente.)

PARIS
1915

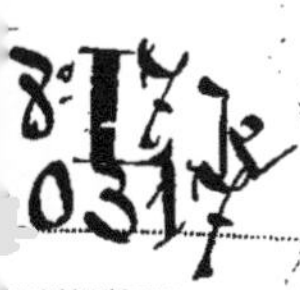

LE SAC

DE

L'HÔTEL-DE-VILLE DE STRASBOURG

(JUILLET 1789)

ÉPISODE DE L'HISTOIRE DE LA RÉVOLUTION EN ALSACE

PAR

ROD. REUSS

Extrait de la *Revue historique*,
Tome CXX, année 1915.

(Les tirages à part ne peuvent être mis en vente.)

PARIS
1915

LE SAC

DE

L'HÔTEL-DE-VILLE DE STRASBOURG

(JUILLET 1789)

ÉPISODE DE L'HISTOIRE DE LA RÉVOLUTION EN ALSACE

Le sac de l'Hôtel-de-Ville de Strasbourg, entrepris, le 21 juillet 1789, par une foule surexcitée, grossie par des voleurs et des malandrins de profession, reste encore aujourd'hui l'un des épisodes les plus obscurs de l'époque révolutionnaire en Alsace. Il est aussi difficile de deviner les mobiles qui poussèrent les masses à dévaster un édifice dont la destruction ne leur était aucunement utile que de comprendre pour quels motifs les autorités militaires et civiles n'intervinrent point, ou trop tard, alors que l'œuvre de pillage et de démolition était à peu près accomplie. On peut sans doute alléguer l'analogie de toutes les scènes révolutionnaires de l'époque; on connaît cette soif de destruction, cette satisfaction naïve d'amonceler des ruines autour de soi, qui se manifestent subitement dans les masses déchaînées et changent « le peuple souverain » en une « vile multitude », dont les plus ardents sont bien obligés de se détourner avec tristesse ou mépris. On peut dire aussi qu'en face d'une révolution triomphante, les représentants officiels de l'ancien régime se sentent désobéis dès l'abord, tandis que les représentants accrédités des idées nouvelles ne se soucient pas de compromettre leur popularité naissante par une intervention peut-être inutile. Les chefs militaires surtout, pour peu que leur discipline ait été sévère, se savent trahis d'avance, en ces jours d'orage, par une soldatesque irritée, qui trouve plus profitable de fraterniser avec l'émeute.

Néanmoins, quand on se prend à étudier de plus près les

détails de la *journée* du 21 juillet, on y sent quelque chose de voulu et d'artificiel, ne répondant guère aux entraînements populaires qui se produisent en des occasions semblables. On comprend alors, sans les partager encore, les soupçons qui, dès le lendemain des événements, se sont fait jour au sujet de ce coup de force, soupçons éveillés par la conduite au moins bizarre de certains dignitaires et confirmés plus tard, en apparence, par leur émigration volontaire. Cinq quarts de siècle se sont écoulés depuis le jour où la populace triomphante a saccagé le vieil Hôtel-de-Ville strasbourgeois du XVI° siècle. Mais aucun des historiens assez nombreux de la Révolution en Alsace n'a pris encore la peine d'étudier à fond et en dehors de tout parti pris les origines et les péripéties de cette journée, quoiqu'elle ait porté le coup de grâce à la vieille constitution qui, pendant plus de cinq siècles, avait régi la petite république, puis la ville libre royale de Strasbourg. Il y a bientôt vingt ans, un jeune savant allemand a consacré une étude méritoire à notre sujet[1]; mais M. Manfred Eimer n'avait pas suffisamment pénétré dans le passé de Strasbourg, il n'en connaissait pas suffisamment les tendances divergentes, il était trop étranger surtout au grand mouvement des idées de 1789 pour qu'il pût réussir à élucider d'une façon entièrement satisfaisante ce petit problème d'histoire locale, qui se rattache assez étroitement à l'histoire générale de la Révolution. En coordonnant les récits contemporains, en les confrontant plutôt, en y appliquant une critique plus sévère, en séparant les données certaines des hypothèses vraisemblables ou des imaginations controuvées anciennes ou modernes, nous arriverons peut-être à serrer de plus près la vérité historique dont la recherche sincère est le but unique de cette étude.

I.

Les Sources.

Il importe tout d'abord d'énumérer et de caractériser les sources auxquelles nous emprunterons les éléments de notre

---

1. *Die politischen Verhaeltnisse und Bewegungen in Strassburg im Elsass im Jahre 1789*, von Dr Manfred Eimer. *Gekroente Preisschrift.* Strassburg, Éd. Heitz, 1897, 183 p. in-8°.

récit. Elles sont relativement nombreuses et les données qu'elles nous fournissent, se corroborant les unes les autres, nous permettent de tracer un tableau détaillé des événements qui se produisirent à Strasbourg, du 19 au 22 juillet 1789, sans courir le risque de nous tromper beaucoup, quant aux faits eux-mêmes. Il est plus difficile d'établir les motifs qui poussèrent certains d'entre les acteurs des scènes que nous aurons à raconter, et l'on sera sans doute toujours réduit à des hypothèses pour expliquer certains épisodes de ces journées tumultueuses.

I. La première et la plus importante de ces sources est le rapport rédigé par le comité des électeurs du second degré, des « représentants de la bourgeoisie », et adressé aux députés de Strasbourg, aux États-Généraux, l'ammeistre Jean de Turckheim et Joseph-Étienne Schwendt, syndic de la Noblesse immédiate de la Basse-Alsace. La pièce originale, qui se trouvait sans doute parmi les papiers de l'un ou de l'autre de ces députés, est perdue. Une copie, la minute peut-être, a dû être déposée aux archives municipales, puisque Chr. Engelhardt, le continuateur de Strobel, parle du document, dans son récit du sac de l'Hôtel-de-Ville, sans en donner d'ailleurs aucun extrait[1]. Une autre copie en fut donnée, après 1873, à la nouvelle bibliothèque municipale; c'était un cahier de six feuillets in-folio, d'une écriture contemporaine, sans indication d'origine. Je l'ai publié une première fois dans la *Revue d'Alsace*[2], puis dans mon recueil de documents : *l'Alsace pendant la Révolution française*[3]. J'ai remis plus tard la pièce à l'archiviste de la ville, mon excellent ami M. J. Brucker, jugeant que sa véritable place était au milieu des autres dossiers de l'époque révolutionnaire, où elle faisait défaut[4]. Signée des sept commissaires, Fischer, Lacombe, Schubart, Hervé, Turckheim cadet, Wunderer et Spielmann, elle ne portait point de date quand j'en pris copie en 1876; aussi l'ai-je publiée, une première fois, sans la dater. En 1880, en la classant à la suite d'autres documents, j'ai cru devoir la placer au 28 juillet. M. Eimer, suivant

1. Cf. *Vaterlaendische Geschichte des Elsasses* (Strasbourg, 1848), t. V, p. 325. Je ne l'y ai plus trouvée quand je compulsais une trentaine d'années plus tard les fascicules de l'époque révolutionnaire avec le concours de M. l'archiviste Brucker.

2. *Revue d'Alsace*, année 1877, p. 43-54.

3. *L'Alsace pendant la Révolution française*, t. I (Paris, 1880), p. 127-133.

4. Elle se trouve actuellement aux archives municipales, liasse AA 2003 ; c'est là que M. Eimer a pu la consulter à son tour.

sur ce point Engelhardt, lui assigne la date du 31 juillet. M. Brucker a-t-il ajouté cette indication chronologique d'après Engelhardt? Je l'ignore; mais, en tout cas, la chose est sans importance aucune, puisqu'il s'agit d'une différence de trois jours au plus, qu'il est constant que le rapport est contemporain des événements relatés, que sa valeur intrinsèque n'est mise en doute par personne et que tout le monde est d'accord pour accepter ses dires partout où les représentants de la bourgeoisie parlent en témoins oculaires. Les quelques erreurs qu'on y peut relever s'expliquent aisément, et mieux encore les quelques lacunes signalées dans le récit.

II. Les procès-verbaux officiels des Conseils de la ville libre ne contiennent pas grand'chose sur les événements immédiatement antérieurs à la catastrophe ni sur le pillage lui-même; cela se comprend sans peine, les secrétaires chargés de la rédaction de ces procès-verbaux n'ayant pas eu le loisir ni le calme d'esprit nécessaire pour les mettre au net, au moment même, et n'y ayant plus aucun intérêt, après la révolution locale qui jetait à bas l'antique Constitution de Strasbourg. Déjà Engelhardt avait signalé cette absence fâcheuse de procès-verbaux réguliers[1]. Le registre des séances du Conseil des Chambres secrètes réunies et du Grand Sénat (*Raeth und XXI*) renferme (1789, p. 557) le *projet* de procès-verbal dressé par le secrétaire Metz pour la séance du 20 juillet; il y a là quelques indications utiles, complétant le rapport des représentants. Outre cela, l'on n'y trouve que la copie de quelques notes, jetées à la hâte sur le papier par le secrétaire Trombert, rédigées mi-partie en français, mi-partie en allemand, et qui devaient servir évidemment de canevas pour une rédaction future qui ne se fit jamais. Elles se rapportent principalement à la séance du 20 juillet, au soir, et à celle du 21, au matin, et l'on peut y puiser quelques détails sur les dispositions du Magistrat à l'égard des doléances de la bourgeoisie, mais rien sur tout ce qui s'est passé en dehors de l'enceinte de l'Hôtel-de-Ville[2]. On peut mentionner encore un brouillon (*rapiarium*) analogue, très sommaire, pour la séance de la Chambre des Treize, à la date du 20 juillet[3].

1. Engelhardt-Strobel, t. V, p. 316. Voir aussi Eimer, p. 60-61.
2. *Abschrift rapiarii secretarii Trombert der nicht im Protokoll eingetragenen sessionum der Raeth und XXI. vom 18. 20. und 21. Juli 1789.*
3. Eimer, p. 61.

III. Deux documents d'importance secondaire, mais qu'on peut qualifier également, dans une certaine mesure, d'officiels, ont été trouvés par M. Eimer aux archives grand-ducales de Carlsruhe. L'un est un procès-verbal dressé à Kehl par la police badoise, le 26 juillet 1789, à propos de l'arrestation d'un des émeutiers, qui s'était sauvé après le pillage[1]; l'autre est le rapport d'un émissaire subalterne, peu ferré sur l'orthographe, mais témoin oculaire des événements de Strasbourg, particulièrement dans la journée du 21 juillet. Il est adressé au bailli de Kehl, le conseiller aulique Strobel[2]. Quant à une troisième pièce, tirée du même fonds, M. Eimer ne fait qu'en citer le titre, en ajoutant que les données du récit sont les mêmes que celles des autres relations[3]. Il est donc assez probable que c'est un des textes que nous connaissons d'ailleurs; en tout cas, ne l'ayant pas eu sous les yeux, nous ne pouvons ni l'apprécier, ni le classer.

IV. Parmi les sources d'un caractère moins officiel, nous placerons en première ligne les lettres de Philippe-Jacques Ruhl, le futur député du Bas-Rhin à l'Assemblée législative et à la Convention. Il était encore à cette époque conseiller intime d'un petit dynaste allemand, possessionné en Alsace, le prince de Linange, dont il administrait la seigneurie de Dabo, au cœur des Vosges, tout en résidant à Strasbourg. Il lui adressait de là des rapports hebdomadaires, qui ne sont pas exclusivement consacrés à l'administration courante et qui sont conservés aux archives de la Basse-Alsace. Ils sont curieux à lire, à cause de l'enthousiasme croissant avec lequel Ruhl s'y prononce, après le 14 juillet, pour la défense de « l'inestimable liberté » contre « les tyrans qui la foulent aux pieds[4] ». Le conseiller intime rentrait d'un voyage aux bains de Teinach (Wurtemberg), le mardi 21 juillet, au moment précis où s'accomplissait le sac de

1. Archives de Carlsruhe (Baden, *Polizeisachen, 1789, pars I*); Eimer, p. 61.

2. Archives de Carlsruhe, même fascicule. *Wahre und authentische Nachrichten der gegenwaertigen Epochen in Strassburg* (Eimer, p. 63).

3. Archives de Carlsruhe, même fascicule : *Frankreich, Reichsstaende. Historischer Bericht von den in Strassburg entstandenen innerlichen Unruhen* (Eimer, p. 64).

4. Cela n'empêcha pas le prince, souverain très débonnaire, de doubler plus tard la pension qu'il avait accordée déjà à son conseiller, au moment de sa retraite définitive.

l'Hôtel-de-Ville, et il a pu voir la foule emportant son butin; il a rédigé aussitôt ses impressions comme témoin oculaire[1].

V. D'autres correspondances, qui n'ont pas été utilisées encore, que je sache, ont été retrouvées par moi dans une petite gazette hebdomadaire, *l'Observateur* (*Der Beobachter*), qui paraissait alors à Stuttgart et qui avait des correspondants zélés à Strasbourg, car on n'y relève pas moins de trois lettres venues de cette ville dans une même quinzaine; les deux premières relatent le sac de l'Hôtel-de-Ville, la dernière les débuts de l'émeute militaire du mois d'août. Elles ont été rédigées par un témoin plutôt optimiste, qui raconte les détails pittoresques qui lui ont passé sous les yeux, sans se préoccuper beaucoup des motifs de ces troubles[2].

VI. Parmi les sources *narratives* rédigées *plus ou moins longtemps* après les événements, mais par des spectateurs qui les ont suivis de près, je placerais volontiers au premier rang le récit attribué à un bourgeois de Strasbourg, Godefroy Harthmann-Lichtenfelder. M. C. Reiber l'a fait connaître, le premier, par une traduction française publiée sous le titre de *Compte-rendu historique des troubles survenus à Strasbourg en 1789*[3]. Le manuscrit figurait dans la collection Heitz sous le numéro 936[4] et passa comme la collection tout entière à la bibliothèque de l'Université, en 1871; on le trouve actuellement sous le numéro 458 dans le *Catalogue des manuscrits* de cette dernière. M. Aug. Barack n'a joint aucun nom d'auteur à la courte mention descriptive qu'il fait de ce « manuscrit sur papier, XIX° siècle, 25 pages in-4°[5] ». Le texte allemand a été publié partiellement dans la *Presse* de Vienne du 26 novembre 1893, par M. Aug. Schricker, et en entier par un anonyme, dans les *Affiches de Strasbourg*

---

1. Voir les extraits chez Eimer, p. 62-63 et *passim*.

2. *Der Beobachter*, n° VII (24 juillet 1789), p. 75-77; n° IX (31 juillet), p. 101-102; n° XII (11 août), p. 139. Stuttgart, in-16.

3. *Revue d'Alsace*, 1889, p. 257-269. Le traducteur n'a joint aucune indication sur la provenance du manuscrit; il ne dit pas même qu'il se trouve à la bibliothèque de l'Université et n'indique pas pour quelles raisons il y a joint le nom de G. Harthmann qui en serait l'auteur.

4. *Bibliothèque Alsatique, catalogue des livres... de feu M. C.-F. Heitz*, avec notice préliminaire par Rod. Reuss. Strasbourg, 1868, p. 71. J'y notais que c'était une *copie moderne* d'un manuscrit contemporain; il ne s'y trouvait aucun nom d'auteur.

5. Barack, *Katalog der Handschriften*, etc., p. 21.

de 1896, sans nom d'auteur également[1]. De quelque plume
qu'il soit sorti, c'est un récit assez vivant de l'émeute de juillet
et des désordres militaires du mois d'août, rédigé d'ailleurs dans
un esprit médiocrement sympathique aux novateurs, par un
partisan très convaincu de l'ancienne Constitution strasbourgeoise. Il renferme plusieurs traits curieux que nous ne connaissons pas d'autre part et, dans son ensemble, il mérite
créance, encore qu'il paraisse charger un peu, çà et là, les
touches de son pinceau.

VII. Un autre récit en langue allemande, la « Description de
la lamentable émeute de Strasbourg, écrite le 30 juillet 1789[2] »,
a fourni le canevas du récit du sac de l'Hôtel-de-Ville donné
par Engelhardt dans sa continuation de *l'Histoire d'Alsace*,
de Strobel. Il le caractérise comme « une narration sans pré-
tention des événements du 18 au 27 juillet, rédigée par un
témoin oculaire », grand admirateur du commandant de place,
M. de Klinglin. Mais ni lui, ni M. Eimer, qui répète ses dires,
n'ont donné une description bibliographique de la brochure et,
ne l'ayant jamais vue moi-même, il m'est impossible d'en dire
davantage.

VIII. Il est une autre brochure mentionnée par Engelhardt,
intitulée *Révolution d'Alsace*, comme ayant été publiée à Paris;
ce factum, ajoute-t-il, a été attribué au comte de Mirabeau et
renferme un tableau du mouvement strasbourgeois, retracé dans
un esprit hostile à la bourgeoisie protestante et au Magistrat[3].
Nous savons par ailleurs que le grand orateur était, dès 1789,
en correspondance avec un groupe d'*habitants* de la ville, Français immigrés, encore exclus du maniement des affaires de la
bourgeoisie et partant hostiles au parti conservateur. L'exemplaire strasbourgeois de la brochure a péri lors de l'incendie

1. *Historische Beschreibung der in Strassburg im Jahr 1789 vorgefallenen
Unruhen nach einem Manuskript der Landesbibliothek.* Un des fils de M. C.-F.
Heitz avait épousé une demoiselle Lichtenfelder; peut-être est-ce par suite de
cette alliance de famille que le manuscrit est parvenu aux mains du collec-
tionneur. Mais comment M. C. Reiber (auquel M. Eimer a sans doute emprunté
cette indication) est-il arrivé à attribuer au dit Godefroy Harthmann une
paternité qui n'est pas indiquée par le manuscrit lui-même et que ni M. Barack, ni moi, ni l'éditeur du texte dans les *Affiches* n'y avions rencontrée.

2. *Beschreibung des jammervollen Aufruhrs in Strassburg, geschrieben
den 30. Juli 1789*, in-8°.

3. *Vaterlaendische Geschichte des Elsasses*, t. V, p. 325.

de nos bibliothèques par le bombardement d'août 1870, mais grâce à l'amitié de M. Christian Pfister, qui a eu l'obligeance d'extraire largement pour moi l'exemplaire de la Bibliothèque nationale, j'ai pu constater que rien n'y indique un rapport quelconque avec Mirabeau. C'est une relation tout à fait contemporaine (rédigée sans doute au mois d'août), assez riche en détails et de tendances assez caractérisées pour qu'on prête quelque attention aux dires de l'auteur anonyme[1]. Ce dernier était un admirateur prononcé de M. de Klinglin, un contempteur du Magistrat et paraît avoir nourri une antipathie, profonde autant que peu justifiée, contre la bourgeoisie protestante de Strasbourg qu'il traite d' « Allemands du xv° siècle »!

IX. Un esprit d'hostilité analogue se peut constater dans le récit inséré à la *Gazette nationale ou Moniteur universel* du 4 août 1789[2]. Mais il n'y a pas à tenir compte autrement de ce texte, puisqu'il fait partie de la série des numéros compilés rétrospectivement pour compléter le journal, qui ne parut d'une façon régulière qu'à la fin de novembre 1789. Le compilateur devait l'avoir emprunté à quelque ouvrage antérieurement paru; comme le disait déjà M. Eimer et comme je l'ai vérifié moi-même, tout le récit du *Moniteur* n'est en effet qu'une coupure de *l'Histoire de la Révolution de 1789 et de l'établissement d'une Constitution en France par deux amis de la Liberté*[3]. On n'y relève d'ailleurs rien qui trahisse chez les deux historiens anonymes des renseignements originaux, provenant de témoins oculaires.

X. On peut revendiquer au contraire, comme tels, les détails donnés par Jean Friesé dans sa *Nouvelle histoire patriotique de la ville de Strasbourg et de l'ancienne Alsace*[4]. Cet ancien

, 1. *Révolutions d'Alsace* (Paris), de l'imprimerie de Laporte, hôtel de Bouthilliers, rue des Poitevins, 16 p. in-8° (Bibliothèque nationale, LK[2] 61).

2. *Moniteur*, n° 33 (réimpression, t. I, p. 273-274).

3. La *première* édition du second volume, où se trouve notre récit, parut dès 1790 (voir Aulard, *Études et leçons sur la Révolution, sixième série*, p. 34). Je n'ai pu me procurer que la *seconde* édition qui porte le titre *Histoire de la Révolution de France*, revue et corrigée, par deux amis de la Liberté. Paris, Garnery, 1792, in-16, t. II, p. 176-185.

4. *Neue vaterlaendische Geschichte Strassburgs und des ehemaligen Elsasses*, t. IV. Strasbourg, 1793, in-8°, p. 246-263. M. Eimer qui, en historien allemand authentique, ne comprend absolument rien aux émotions généreuses de l'époque, traite ce bon Friesé, démocrate très modéré, de « fanatique révolutionnaire et souvent injuste » (p. 65), ce qui n'est nullement le cas.

ouvrier tisserand, originaire de Franconie et devenu maître
d'école dans sa ville d'adoption, a raconté avec une grande fraî-
cheur d'impressions, avec beaucoup de naïveté et une entière
bonne foi les phases locales de la Révolution dont il fut l'admirateur, puis la victime. C'est un témoin précieux, bien qu'un peu
prévenu peut-être contre les maîtres de la veille.

XI. C'est encore un témoin oculaire, et même un témoin très
haut placé, que nous rencontrons dans les *Mémoires de
Rochambeau*, publiés deux ans après sa mort, en 1809[1], par
Luce de Lancival. Malheureusement, l'éditeur ne nous apprend
pas à quelle date ils furent rédigés; ce fut sans doute assez
longtemps après les événements de 1789. Le récit du maréchal
sur le sac de l'Hôtel-de-Ville est assez succinct; il s'étend bien
davantage sur l'émeute militaire du mois d'août. Le peu qu'il
dit de lui-même suffit d'ailleurs pour caractériser les fluctuations
de l'état-major et atteste un manque d'énergie, une indéniable
faiblesse de caractère, qui surprend chez un officier général
aussi honorablement connu et que son grand âge n'accablait
pas encore, puisqu'il venait seulement d'entrer dans sa soixante-
cinquième année[2].

XII. Un autre témoignage militaire se rencontre dans les
*Mémoires sur divers événements de la Révolution et de
l'émigration*, de A.-H. Dampmartin[3]. Capitaine au régiment
de Royal-Cavalerie, M. de Dampmartin se trouvait alors en

1. Je me suis servi de la seconde édition des *Mémoires militaires, historiques et politiques de Rochambeau, ancien maréchal de France*. Paris, Pil-
let, 1824, 2 vol. in-8°. Les passages relatifs au séjour de Rochambeau en Alsace
se trouvent t. I, p. 350-367.

2. J'avais joint les pages de Rochambeau au rapport des représentants de la
bourgeoisie dans la *Revue d'Alsace* de 1877. Dix ans plus tard, M. J. Liblin,
le directeur de ce recueil, qui, sans doute, avait oublié ce fait, republia un
Extrait des Mémoires de Rochambeau, 1789, auquel M. Arthur Benoît avait
ajouté des notes en partie absurdes. Il affirmait par exemple qu'il « n'y aurait
rien d'étonnant » à ce que le duc d'Aiguillon, gouverneur de l'Alsace, « ait été
pour beaucoup dans les troubles de Strasbourg », alors que ce personnage était
mort en 1788! (*Revue d'Alsace*, 1887, p. 491-501).

3. *Mémoires sur divers événements de la Révolution et de l'émigration*, par
A.-H. Dampmartin, maréchal des camps et armées du roi. Paris, Hubert, 1825,
2 vol. in-8°. C'est dans le t. II, p. 41 et suiv., que se trouvent les passages intéressant notre récit. Dans ses *Mémoires sur l'émigration*, M. de Lescure n'a
réimprimé, pour sa *Bibliothèque des mémoires relatifs à l'histoire de France*
(Paris, Didot, 1877), que la partie de l'ouvrage du vicomte de Dampmartin
relatif à ses aventures pendant l'émigration; on y chercherait inutilement les
passages relatifs à Strasbourg.

garnison à Strasbourg; il nous fournit quelques détails curieux sur l'attitude de M. de Klinglin; il est sévère pour Rochambeau et sa « perplexité puérile ». On y peut relever d'ailleurs diverses inexactitudes, qui s'expliquent sans doute par le fait que l'auteur a rédigé son récit longtemps après les événements, au retour de l'émigration. Taine, en le suivant de préférence à d'autres sources plus sûres, lui a emprunté quelques-unes de ses erreurs[1].

XIII. Nous possédons encore un récit assez court, mais très personnel et vivant, du sac de l'Hôtel-de-Ville dans les *Voyages en France* de l'économiste anglais, Arthur Young, qui se trouvait précisément à Strasbourg ce jour-là, et qui s'installa commodément sur le toit d'une des baraques du Marché-aux-Herbes, pour assister, avec un flegme tout britannique, à la dévastation de l'immeuble[2].

XIV. On rencontre également quelques détails intéressants sur notre sujet dans les *Notices historiques sur la ville de Strasbourg*[3], publiées une trentaine d'années plus tard, par Jean-Frédéric Hermann, député au Conseil des Cinq-Cents, puis maire de Strasbourg. Sans doute elles n'ont été rédigées qu'assez tard, « au dernier déclin de la vie », comme le dit l'auteur lui-même; mais Hermann était déjà en fonctions en 1789, comme secrétaire adjoint des Conseils; il devint ensuite procureur de la commune et ne cessa de jouer un rôle politique dans sa ville natale, chaque fois que les éléments modérés y eurent le dessus. Homme intègre et d'un jugement calme, il connaissait fort bien les hommes et les choses de son temps, et son récit, bien qu'il ne soit pas très développé et qu'il y ait des transpositions de faits involontaires, mérite pourtant de retenir l'attention de l'historien, ainsi que les notes qu'il y a jointes.

XV. Parmi les nombreux pamphlets contre-révolutionnaires anonymes publiés au cours des années suivantes, sur la rive

---

1. H. Taine, *Origines, la Révolution*, t. I, p. 84, 85, 89.

2. *Travels during the years 1787, 1788 and 1789*. Bury St Edmunds, 1792, in-4°, p. 142. M.-J. Lesage a donné une traduction française de l'ouvrage : *Voyages en France pendant les années 1787, 1788, 1789*, par Arthur Young (Paris, Guillaumin, 2e édit., 1882). Voy. t. I, p. 254-255. M. Auguste Stœber avait déjà attiré l'attention du public alsacien sur ces pages dans ses intéressantes *Curiosités de voyages en Alsace* (Mulhouse, 1874, in-8°).

3. *Notices historiques, statistiques et littéraires sur la ville de Strasbourg*, par J.-F. Hermann (Strasbourg, Levrault, 1817, in-8°), t. I, p. 108-110, 197-200.

droite du Rhin, ou dans des imprimeries clandestines, en Alsace même, il en est un que nous devons mentionner ici, puisque l'auteur en est un Strasbourgeois, qui nous parle, en passant, du sac de l'Hôtel-de-Ville comme témoin, violemment partial il est vrai, mais comme témoin. *L'Abomination de la désolation* ou *Vues sur la Révolution française*[1] est une grosse brochure de plus de deux cents pages, signée seulement de l'initiale S., mais que l'on sait avoir été écrite par Jean-Benoît Schérer, fils d'un professeur à l'Université de Strasbourg, lui-même licencié en droit, longtemps employé en Russie, puis au service du ministère des Affaires étrangères de France et auteur de différents ouvrages historiques. Revenu sur le tard dans sa ville natale, il siégeait en 1787 et 1788 comme représentant de la tribu des pelletiers au Grand Sénat. Attaché aux idées ultra-conservatrices, il fut un des adversaires locaux les plus virulents de la Révolution, qu'il combattit dans une série de pamphlets, avant et après son émigration en 1792, préconisant le retour de l'Alsace à l'Allemagne. Il fut employé plus tard par Mack, en Autriche, et nous le trouvons ensuite comme professeur à l'Université de Tubingen, où il cesse d'enseigner en 1824[2]. On ne peut utiliser ses assertions qu'avec une extrême méfiance, tant il se laisse aller à peindre en noir ses ennemis politiques et à les calomnier bêtement; mais son écrit fournit en tout cas la preuve convaincante de l'exaspération furieuse qui animait alors les partis affrontés en Alsace[3].

XVI. Pour ne rien oublier dans cette bibliographie spéciale, je dois mentionner encore une complainte, en très mauvais vers allemands, *l'Émeute populaire de Strasbourg chantée par un marchand de curiosités ambulant*[4], pièce devenue très

1. *Greuel der Verwüstung oder Blicke in die französische Revolution, wie und durch wen das arme Elsass darein geflochten worden ist, etc., von einem biedern Elsaesser S.* Deutschland, 1793, 220 p. in-18. Les chapitres relatifs à Dietrich et au pillage de l'Hôtel-de-Ville se trouvent p. 47-58.

2. La notice la plus complète qu'on possède sur l'homme et ses écrits est celle de M. Théodore Renaud, *Johann Benedikt Scherer, ein Strassburger Autonomist in der Revolutionszeit*, dans le *Jahrbuch* du Club vosgien (année 1910, p. 276-294).

3. Déjà Engelhardt (t. V, p. 326), qui ne connaissait pas le nom de l'auteur, signalait ses « exagérations passionnées ». D'autres pamphlets analogues contre Dietrich, mais moins détaillés, seront cités au cours même de notre récit.

4. *Der Poebelaufruhr zu Strassburg vom 19. bis 23. Julius 1789, besungen von einem Raritaetenkastenmann. Gedruckt zu Dorlisheim, 1789, 8 p. in-8°.*

rare dans l'édition originale, mais réimprimée en 1880, à Strasbourg, à un petit nombre d'exemplaires[1]. C'est l'œuvre d'un contre-révolutionnaire assez prononcé et qui semble bien avoir assisté lui-même à la défénestration du mobilier et des archives de l'Hôtel-de-Ville.

XVII. Enfin, il ne faut pas oublier de mentionner les deux planches consacrées à l'assaut du 21 juillet 1789 par deux artistes strasbourgeois contemporains. L'une est due au burin de N. Dévère[2]; l'autre est la reproduction d'un tableau de J. Hans, par Weis, le graveur bien connu de la splendide série de pièces de *l'Entrée de Louis XV à Strasbourg*. La première est reproduite en lithographie par Théodore Muller, dans le *Strasbourg illustré* de Frédéric Piton[3]; la seconde dans l'étude de M. Hugo Haug sur *l'Hôtel du Commerce*[4]; l'une et l'autre figurent dans *le Vieux Strasbourg*, de M. Adolphe Seyboth[5]. Elles doivent avoir été gravées peu de temps après l'événement; sans qu'on puisse naturellement affirmer que tous les détails en soient exacts, il est permis d'admettre que, dans l'ensemble, le « saccagement » du vieux palais de la Renaissance a dû s'opérer ainsi.

II.

Événements précurseurs.

Au moment où Louis XVI convoquait les États-Généraux, l'antique Constitution de la « ville libre royale » de Strasbourg, revisée pour la dernière fois vers la fin du xve siècle, existait encore, au moins de nom, dans toute sa respectable vétusté. Sans doute, en réalité, c'était l'intendant de la province d'Alsace[6] et, sous lui, le préteur royal[7] qui provoquaient et

1. *Der Poebelaufruhr zu Strassburg* (réimpression). Strassburg, Schultz, 1880, in-8°. Une trentaine d'exemplaires.

2. « Se vend chez Dévère, graveur, vis-à-vis Saint-Louis, n° 12, à Strasbourg. »

3. *Strasbourg illustré* (Strasbourg, 1855, in-4°), t. I, p. 192.

4. *Das Hôtel du Commerce, Gebaeude der Handelskammer*, Vortrag von Dr Hugo Haug (Strassburg, Staat, 1913, grand in-8°), p. 27.

5. Ad. Seyboth, *Das alte Strassburg* (Strassburg, 1896, in-4°), p. 131, pl. 17.

6. L'intendant d'Alsace était, depuis 1778, M. de Chaumont de la Galaizière.

7. Le préteur royal, M. de Gérard, était alors en congé et malade, à Paris. Son absence privait le Magistrat d'un conseiller influent et d'un appui éventuel.

dirigeaient les décisions du Magistrat de la ville libre, mais les vieilles formes de gouvernement subsistaient toujours et, avec un peu de bonne volonté, les bons bourgeois de Strasbourg pouvaient conserver l'illusion de vivre dans une république. C'était, à vrai dire, une république très oligarchique, où un petit nombre de familles patriciennes et riches se partageaient les honneurs et les émoluments attachés aux charges municipales. Trois « Chambres secrètes », celle des Treize, celle des Quinze et celle des Vingt-un, dont les membres, une fois élus, siégeaient à vie, un Grand Sénat, un Conseil des trois cents échevins formaient les principaux rouages administratifs de la cité[1]. Le pouvoir exécutif était représenté par quatre *préteurs* nobles ou *stettmeistres*, présidant par quartier, et par un *consul* roturier ou *ammeistre* en régence pendant une année.

La moyenne et la petite bourgeoisie n'exerçaient aucune influence sérieuse sur la marche des affaires; les « protégés » (*Schirmer*) ou « manants » n'en exerçaient aucune, et les simples *habitants* de la ville, c'est-à-dire ceux qui résidaient à Strasbourg, qu'ils fussent d'ailleurs *privilégiés* ou non, sans jouir du droit de bourgeoisie, étaient considérés comme de véritables étrangers, même s'ils étaient Français. Il existait, par conséquent, une fraction de la population assez notable qui n'avait aucun intérêt à la conservation de l'état de choses actuel et bien des raisons de lui être hostile[2]. Mais comme le Magistrat, dans son ensemble, était aussi souple vis-à-vis des représentants du pouvoir qu'il était volontiers cassant vis-à-vis de ses administrés, ni le ministre de la Guerre, dont dépendaient les affaires d'Alsace, ni le gouvernement royal n'avaient jamais songé sérieusement jusqu'alors à modifier ce régime oligarchique suranné, mais cher encore à beaucoup de Strasbourgeois[3].

---

1. Ce Conseil des trois cents échevins, élus par les corporations ou *tribus* d'arts et métiers, formait théoriquement la base démocratique du gouvernement strasbourgeois, mais, en réalité, il n'avait plus été appelé à délibérer depuis plus d'un siècle.

2. J.-F. Hermann a exprimé cette opinion, il y a bientôt un siècle, en écrivant d'un accent pessimiste : « Dans tous les États il y a des gens qui n'ont rien et qui veulent avoir quelque chose, qui ne sont rien et qui voudraient être quelque chose, et ces personnes désirent toujours des innovations. Il y en avait aussi à Strasbourg » (*Notices*, t. 1, p. 197). Il aurait pu ajouter qu'ils n'avaient pas absolument tort.

3. Il faut mentionner ici d'un mot — car ce fut un facteur d'importance dans les troubles postérieurs — le conflit violent entre la Chambre des Quinze

Quand la ville et sa banlieue eurent été désignées par l'ordonnance du 7 février 1789 pour former un des grands bailliages de la province d'Alsace, en vue des élections aux États-Généraux, il fallut bien se décider à faire participer à l'élection des deux députés, attribués à Strasbourg[1], tous les Français habitant la localité, qu'ils fussent bourgeois, manants ou simples habitants. Un arrêté du Magistrat, en date du 10 mars, régla les détails de la participation des différents groupes au choix des électeurs du second degré, qui devaient procéder à l'élection des députés eux-mêmes[2]. L'assemblée des cent-vingt-six électeurs ou *représentants de la bourgeoisie* se réunissait le 8 avril et désignait, pour la représenter aux États-Généraux de Versailles, l'ammeistre Jean de Turckheim et François-Étienne Schwendt, syndic de la Noblesse immédiate de la Basse-Alsace[3]. Cette assemblée, représentée par une commission de trente-deux membres, dans laquelle siégeaient plusieurs adversaires décidés du Magistrat, avait longuement discuté, puis rédigé un ample *Cahier de doléances*, qui fut déposé entre les mains des nouveaux députés et porté également à la connaissance des Conseils de la ville libre[4]. Se sentant soutenus par l'opinion publique, les représentants de la bourgeoisie se refusèrent à considérer leur mission comme terminée et demandèrent au Magistrat d'aborder avec eux l'examen d'une série de réformes d'ordre plutôt local, la suppression de certains dicastères, le contrôle des deniers publics, l'intervention plus directe des citoyens dans les affaires de la commune. Le « Magistrat perpétuel » se regimbait de son mieux contre ces nouveautés qu'il regardait non seulement comme nuisibles à ses intérêts particuliers, mais aussi comme dangereuses pour l'État.

Les négociations entre les sept membres du Comité des représentants, mandataires officieux de la population urbaine et les cinq membres délégués par le Magistrat, qui se considérait

---

et la tribu des bouchers (1787-1788), conflit provoqué par l'ordre d'établir des balances nouvelles aux étaux des Grandes-Boucheries. On y peut étudier sur le vif les procédés autocratiques des gouvernants et l'insubordination des administrés. Pour le détail, voir Friesé, t. IV, p. 197-206.

1. Règlement fait par le roi (Reuss, *l'Alsace pendant la Révolution française* (Paris, 1880), t. I, p. 1-5).

2. Arrêté du Magistrat (Reuss, *op. cit.*, p. 8-24).

3. Procès-verbal de l'élection (Reuss, *op. cit.*, t. I, p. 25-30).

4. Cahier des vœux du tiers état de la ville de Strasbourg (Reuss, *op. cit.*, t. I, p. 31-66).

comme le représentant officiel de cette même population, duraient depuis des semaines sans avancer[1]. Décidées le 15 avril, commencées le 22 de ce mois, les délibérations communes restèrent suspendues du 25 mai au 21 juin[2], et bien qu'on les eût reprises quelques jours plus tard, on n'avait réussi à s'entendre que sur quelques questions secondaires, la décision sur les questions importantes étant ajournée à plus tard. A ce moment, le gouvernement se décidait à remplacer le préteur royal malade, M. de Gérard, par un commissaire du roi, qui exercerait ses fonctions; sur la proposition du ministre de la Guerre, M. de Puységur, le baron Frédéric de Dietrich était désigné pour ces fonctions, le 28 juin 1789[3]. Le futur premier maire de Strasbourg avait dépassé de peu la quarantaine; personnage d'une haute intelligence, d'une ambition non moins haute, membre du Magistrat, tout en habitant depuis longtemps Paris, membre de l'Académie des sciences, très répandu dans la société de la capitale, Dietrich avait sollicité lui-même ce poste éminent dans sa ville natale. Quand il fut installé, le 6 juillet, à l'Hôtel-de-Ville, au nom de Louis XVI, par l'intendant et le prince Maximilien de Deux-Ponts, « maréchal de camp des armées de Sa Majesté » — le futur roi de Bavière — il promit aux membres des Conseils de défendre leurs droits, mais comme il voulait avant tout soigner sa propre popularité, il se montra d'autant plus circonspect dans ses paroles et son attitude qu'il avait pu se rendre compte des dispositions véritables de la majorité des habitants de Strasbourg.

Au moment où éclataient les désordres dans la capitale à la suite du renvoi de Necker, la situation dans le chef-lieu de l'Alsace était donc la suivante. D'une part, le Magistrat et les conservateurs étaient très irrités contre les novateurs; d'autre part, les partisans des idées de réforme étaient furieux des efforts obstructionnistes de la majorité du Magistrat[4]. Le princi-

1. Rapport fait le 2 juin 1789 à MM. les représentants, etc. (Reuss, *op. cit.*, t. I, p. 75-98).

2. Arrêté des représentants du 21 juin 1789 (Reuss, *op. cit.*, t. I, p. 109-110).

3. Brevet portant nomination de M. le baron de Dietrich (Reuss, *op. cit.*, t. I, p. 119-121).

4. Un certain nombre des membres des Conseils étaient favorables aux réformes.

pal représentant civil du pouvoir central, l'intendant de la province, n'est pas mentionné durant toute la période des troubles; on est à se demander s'il n'était pas absent de Strasbourg. Le nouveau commissaire du roi, à peine installé depuis une dizaine de jours, ne se souciait pas, pour des motifs personnels, de se prononcer catégoriquement contre l'un ou l'autre des partis. Quant au commandant militaire, le comte de Rochambeau, il venait de débarquer dans son gouvernement à la veille même de l'émeute[1]. Ignorant tout des hommes et des choses d'Alsace, il devait forcément s'en rapporter à son subordonné, le « lieutenant du roi à Strasbourg », le baron J.-F.-Louis de Klinglin, commandant la place. Or, ce personnage avait non seulement une vieille haine familiale à assouvir contre le Magistrat[2], mais il poursuivait encore des visées ambitieuses personnelles et venait de figurer parmi les candidats à la députation pour les États-Généraux. Il est utile de se rappeler toutes ces circonstances, qui aideront à comprendre les événements que nous allons voir se dérouler sous nos yeux. On peut ajouter encore que la situation matérielle n'était guère plus favorable que la situation morale; le prix du pain, celui de la viande venaient d'être assez considérablement augmentés[3]; les classes pauvres s'en ressentaient et, déjà avant le 12 juillet, les représentants de la bourgeoisie avaient déclaré aux commissaires du Magistrat qu'il pourrait résulter de leurs tergiversations des « scènes désagréables[4] ».

1. Rochambeau avait été appelé à remplacer le maréchal comte de Stainville, décédé au mois de juin 1789. Il n'arriva que le 18 juillet à Strasbourg.

2. Le grand-père de ce Klinglin, François-Joseph de Klinglin, avait été préteur royal à Strasbourg, de 1725 à 1752; célèbre par son faste et ses concussions effrontées, souvent dénoncé par le Magistrat, il avait été finalement arrêté par ordre du roi et mourut subitement en prison (février 1753), tandis que son fils, arrêté peu après, était transféré à Grenoble et condamné, comme complice des méfaits paternels, à la prison perpétuelle à Pierre-Encise près de Lyon. Ces souvenirs avaient laissé dans le cœur du maréchal de camp, descendant des deux coupables, des désirs de vengeance à l'égard des autorités de la ville libre.

3. Dès février 1789, le prix du quartaut de froment était monté à 18 livres 6 sols; en juillet, il arrivait à 22 livres (Eimer, p. 55).

4. Eimer, p. 58.

III.

Les journées du 18 et du 19 juillet 1789.

Les premières nouvelles relatives à la contre-révolution tentée à Versailles après la concentration des troupes autour de Paris, au triomphe de la cabale des princes, au renvoi de Necker (11 à 13 juillet) parvinrent certainement à Strasbourg dès le 15 et le 16 juillet et produisirent une très vive effervescence dans les esprits. Mais le prestige de l'autorité royale était encore bien trop grand en province pour que l'annonce d'un conflit pareil, dont nul d'ailleurs ne pouvait prévoir l'issue, pût susciter des mouvements populaires immédiats. Un courrier de Paris à Strasbourg mettait alors d'ordinaire trois jours et demi pour franchir la distance entre la capitale et le chef-lieu administratif de l'Alsace. Le brouillon du procès-verbal de la séance de la Chambre des Treize, qui eut lieu le 18 juillet, mentionne l'agitation qui règne en ville et le fait qu'on a distribué sur la place d'Armes des écrits dangereux, dont l'un parlait du renvoi du premier ministre[1]. Il note également qu'un chapelier de la ville distribuait des cocardes vertes. Pour qu'on pût répandre ces brochures, le 18, dans la matinée, il a fallu le temps de les écrire et de les imprimer[2]. Et si l'on imitait l'exemple du Palais-Royal, en offrant aux « patriotes » des cocardes vertes, comme Camille Desmoulins en avait donné l'exemple, le 13 juillet, on avait dû employer un certain temps à les fabriquer[3]. Il n'est donc pas improbable qu'on ait eu, dès le vendredi 17 au soir, connaissance de la lutte engagée entre le gouvernement et le peuple de Paris.

La tranquillité publique ne fut pas troublée néanmoins ; une simple défense du Magistrat suffit pour arrêter ces manifestations. Mais un nouveau courrier apportait, dans la soirée du

---

1. Nous ignorons quels étaient ces écrits, dont il n'est pas fait mention ailleurs. On peut supposer que c'étaient des produits de l'opposition locale plutôt que des brochures apportées de Paris, que beaucoup de Strasbourgeois n'auraient pas compris.

2. Si c'étaient des imprimés ; mais peut-être s'agissait-il simplement de nouvelles à la main, manuscrites.

3. Eimer, p. 67. D'après les *Révolutions d'Alsace*, M. de Klinglin « permit aux jeunes gens de la ville de porter la cocarde que le Magistrat avait interdite ».

18 juillet[1], la nouvelle certaine de la prise de la Bastille, du triomphe du parti constitutionnel, du rappel de Necker et de la soumission de Louis XVI à la volonté nationale. C'était le samedi soir où la population strasbourgeoise, selon des habitudes qui ont subsisté à travers les siècles, se promène à travers les rues pour inaugurer le repos dominical. Elle apprit la grande nouvelle, soit par la rumeur publique, soit en voyant les préparatifs d'une illumination que le propriétaire de l'*Hôtel de la Maison-Rouge* organisait à la hâte pour fêter cette réconciliation du monarque et de ses sujets[2]. Ce grand bâtiment tenait un des côtés de la place d'Armes (la place Kléber actuelle), la plus vaste des places du Strasbourg d'alors. L'illumination eut lieu à neuf heures du soir, aux cris de : Vive le Roi! que poussait la foule des spectateurs. Des gamins des rues, pour s'associer à l'allégresse publique, ou simplement pour se divertir, vont quérir partout, dans le voisinage, de la paille, de vieilles planches, du bois mort, qu'ils amoncellent au milieu de la place, en y mettant le feu. D'autres courent à travers la ville, frappent aux portes et aux volets des maisons, engageant les habitants à illuminer à leur tour. Il est assez probable que certains d'entre eux ont ajouté, comme l'affirme une de nos sources : « Illuminez, ou nous vous cassons les vitres[3]! » On peut même admettre qu'il y eut des carreaux brisés dans quelques demeures de récalcitrants.

Ce furent là d'assez inoffensifs prodromes d'un mouvement qui, ce jour-là, ne semble avoir inspiré d'anxiétés sérieuses à personne. Le lendemain 19 était un beau dimanche de juillet; les masses populaires en profitèrent pour circuler avec une joyeuse animation qui n'avait rien d'inquiétant, au contraire. Tout le monde avait arboré la cocarde verte : on s'embrassait dans les rues, on se félicitait de l'heureuse issue du conflit parisien, on arrosait sa joie de nombreuses rasades, d'autant plus appréciées qu'elles ne coûtaient guère aux consommateurs[4]. Ce vin, « débité pendant quelques jours à bas prix »,

---

1. Peut-être même la nouvelle arriva-t-elle dès l'après-midi de ce jour.

2. C'est évidemment le *fait de la réconciliation* qui fit crier : Vive le Roi! à la foule et non pas seulement la prise de la Bastille qui n'était certes pas due aux bonnes intentions du monarque.

3. Engelhardt-Strobel, t. V, p. 310.

4. Hermann, *Notices*, t. I, p. 108.

qui l'a fourni? Le Magistrat? C'est fort invraisemblable. Serait-ce M. de Klinglin? La chose est possible[1]. Doit-on voir là la main de meneurs révolutionnaires anonymes et plus particulièrement de ces bouchers, si hostiles, d'ancienne date, à la Chambre des Quinze? Cela n'est pas impossible non plus. A vrai dire, on ne l'a jamais su; peut-être n'a-t-on pas voulu le savoir, car il semble bien qu'une enquête un peu sérieuse faite par les autorités auprès des aubergistes de la localité aurait pu tirer l'affaire au clair.

Mais un moment vint où les choses se gâtèrent. On vit surgir, au milieu de cette foule en gaîté, « des hommes de sinistre figure, inconnus jusqu'alors », dit Hermann, et il ajoute — insinuation grave de la part d'un esprit si calme! — : « Tout porte à croire qu'il y avait dans la ville des personnes influentes et revêtues de pouvoir qui fomentaient le désordre[2]. » Il n'est pas absolument nécessaire pourtant d'admettre cette hypothèse, du moins pour la journée du 19 juillet. On peut comprendre qu'à la satisfaction des Strasbourgeois de voir les Parisiens triomphants et libres, il se soit mêlé, à force surtout de fêter cette liberté, un sentiment d'amertume assez naturel. Ils n'ont pas eu, eux, cette chance! Ils restent sous la domination d'un Magistrat qui se refuse à écouter leurs doléances les plus justifiées! Comme le repos dominical était prescrit alors par des règlements sévères, comme d'ailleurs une nouvelle illumination était annoncée pour le soir, ainsi qu'un feu d'artifice sur la place d'Armes, la foule, de plus en plus animée, continuait à vaguer à travers la ville, curieuse et bruyante, mais pacifique, jusque vers les onze heures du soir. Mais quand le couvre-feu, la *Lumpenglock* traditionnelle[3], eut fini de sonner, les bourgeois paisibles et leur progéniture allèrent se coucher et les jeunes gens, fortement « émus », restèrent maîtres du pavé. Ils étaient « une soixantaine de fils de bonne famille et à peu près autant de solides garçons bouchers, débardeurs et palefreniers, tous armés de triques solides[4] »; ils commencèrent par arracher les volets

---

1. En tout cas, le correspondant du *Beobachter* de Stuttgart affirme que ce fut lui qui permit que toutes les auberges restassent ouvertes durant la nuit entière pour fêter la victoire du peuple (n° VII, p. 75).

2. Hermann, *op. cit.*, même page.

3. « La cloche des buveurs », comme on l'appelle encore de nos jours, à Strasbourg, où elle est sonnée sur le coup de dix heures.

4. Récit de Godefroy Harthmann.

des maisons et des caves voisines de la place d'Armes, puis à démolir quelques-unes des petites boutiques des Grandes-Arcades, pour alimenter un feu de joie allumé sur cette place. Des soldats, ayant « la permission de minuit », vinrent se joindre à eux, et bientôt on les vit quitter ces distractions encore relativement innocentes pour vagabonder à travers les rues, des Grandes-Arcades aux Petites-Arcades, à la Grande-Rue, invitant les habitants à illuminer leurs maisons, brisant les vitres de ceux qui refusaient et grossissant leur nombre par un afflux de populace plus ou moins équivoque. Qui poussa tout à coup ces manifestants surexcités vers la rue du Bouclier, étroite et tranquille et située loin de la place d'Armes? Fût-ce un hasard singulier ou le mot d'ordre donné par un meneur anonyme[1]? A l'angle de cette rue et de la rue des Dentelles habitait un des membres les plus détestés du Magistrat, l'ammeistre Lemp[2]. L'antipathie qu'il inspirait tenait, non pas à ses fonctions officielles, mais à ses allures cassantes et hautaines à l'égard de ses concitoyens. On prétendait qu'il avait exprimé naguère l'espoir de voir les Strasbourgeois réduits à se nourrir de pommes de terre et à se chausser de sabots! Aussi projetait-on — du moins le bruit en courut plus tard — dè le promener à travers la ville revêtu de son costume officiel, en sabots, juché sur un âne, pour le livrer ensuite à la justice sommaire du « peuple[3] ». Heureusement, l'ammeistre fut averti à temps du danger qui le menaçait par un officier de la garnison, M. de Pithienville[4], et, sous un déguisement, il put gagner, par les mansardes, une maison voisine et sortir ensuite de la ville pour se réfugier à Schlestadt et plus tard à Carlsruhe, de l'autre côté du Rhin[5]. Quand la foule arriva devant sa demeure,

1. Le rapport des représentants se borne à dire « que la nouvelle de la prise de la Bastille et l'exécution de son gouverneur *apprit à la multitude à calculer ses forces* » (Reuss, *op. cit.*, t. I, p. 127), ce qui semble plutôt indiquer qu'ils croyaient à une influence consciente sur les émeutiers.

2. Né en 1730, Lemp était membre de la Chambre des Quinze depuis 1770.

3. Le correspondant du journal de Stuttgart dit qu'on voulait le jeter à l'eau, tout simplement, chose facile puisque l'un des bras de l'Ill coulait à quelques pas seulement de la maison de l'ammeistre. Le narrateur des *Révolutions d'Alsace* écrit d'autre part : « On s'était proposé de l'étrangler et de le brûler publiquement sur un bûcher construit à la place d'Armes. »

4. Et non *Biquinville*, comme l'appelle M. Eimer, p. 69.

5. Lemp n'est revenu dans sa ville natale qu'après la crise révolutionnaire; il est mort à Strasbourg comme juge au tribunal civil en 1809.

il venait de la quitter. Toutes les vitres en furent brisées et l'on était en train de forcer les portes[1] quand M. de Klinglin, le lieutenant du roi, parut à la tête d'une patrouille de cavalerie, escorté de plusieurs officiers de son état-major. Au lieu de donner l'ordre de disperser les émeutiers — ce qui n'aurait pas été bien difficile, puisqu'ils étaient sans armes — Klinglin se mit à les haranguer d'un ton paternel : « Pas de feu, mes amis, pas de feu! », alors qu'il ne semble pas que ces braillards eussent manifesté auparavant la moindre velléité d'incendier la maison. Un de nos récits, celui qui est attribué à Harthmann, rapporte encore d'autres paroles prononcées par lui : « Messieurs, je crois qu'en voilà bien assez! Rentrez chez vous auprès de vos femmes et de vos maîtresses qui soupirent après vous! » Le narrateur ajoute qu'un des manifestants, saisissant par la bride le cheval du maréchal de camp, lui répondit : « Mon commandant, encore une seule pierre, je vous en prie! » et lança un dernier pavé contre une vitre solitaire, épargnée par hasard. En tout cas, la harangue de Klinglin fut fort applaudie, on cria : « Vive la nation, vive Necker, vive le baron de Klinglin! », puis la bande se dispersa.

Il semble bien, d'après une remarque des *Mémoires* de Dampmartin, que, durant toute cette journée du 19, l'autorité militaire supérieure ne fit pas grand effort pour employer la nombreuse garnison au maintien de l'ordre public. « Les généraux *oublièrent dans leur trouble* de la mettre sous les armes », dit cet officier[2]. Le fait s'explique par la situation particulière où se trouvait Rochambeau, arrivé la veille seulement à Strasbourg, comme je l'ai déjà dit, et tout à fait ignorant de la situa-

---

1. D'après un autre récit, la foule avait même déjà pénétré à l'intérieur de la maison et saccagé le prétoire où le magistrat consulaire tenait ses audiences (*Beobachter*, 1789, n° 7, p. 75).

2. Dampmartin, *Mémoires*, t. II, chez Eimer, p. 69. — On voit aussi que les représentants exagèrent un peu quand ils déclarent que « la présence de l'état-major arrêta les excès ». D'après Harthmann, « ces messieurs » de l'émeute se séparèrent parce qu'ils le voulaient bien. Il faut dire qu'il ajoute cette remarque fort sujette à caution : « *N. B.* La garnison, les simples soldats tout *aussi bien que les chefs* avaient dit maintes fois aux bourgeois qu'ils pouvaient faire tout ce qu'ils voudraient; qu'ils s'étaient promis entre eux de ne pas tirer sur les civils qui étaient leurs parents et leurs amis. » Jean-Frédéric Hermann, de son côté, dit, en parlant de Rochambeau, qu'il « était vieux et bon mais faible, et il paraît *qu'on lui avait fait accroire que des désordres, qui auraient pour suite la chute du Magistrat, seraient agréables à la bourgeoisie* » (*Notices*, t. I, p. 197).

tion locale. Il me paraît évident que le commandant de place,
M. de Klinglin, n'avait pas jugé à propos — quels qu'aient pu
être les motifs de sa façon d'agir — de l'informer de la fer-
mentation dangereuse des esprits au siège même de son comman-
dement nouveau.

IV.

La journée du 20 juillet.

« Le jour du lendemain avait été fixé depuis plusieurs jours
par le Magistrat pour communiquer aux représentants de la
bourgeoisie le résultat de ses délibérés sur le cahier des
doléances[1]. » Et le rapport ajoute que « le mécontentement
avait déjà gagné les citoyens du long retard de cette communication ». Le lundi 20 juillet, les membres des Conseils se
réunirent en conséquence d'assez bonne heure à l'Hôtel-de-
Ville et M. de Dietrich, commissaire du roi, les engageait à régler
le plus promptement possible leur accord avec les représentants. Pendant ce temps, la foule courait rue du Bouclier pour
contempler la façade fort maltraitée de la maison Lemp et les
vitriers avaient fort à faire pour remplacer les vitres brisées
au cours de la nuit précédente; mais tout resta tranquille
jusque vers les dix heures du matin[2]. Alors, bon nombre
de bourgeois et d'artisans, dans leur costume de travail, s'amas-
sèrent place du Marché-aux-Herbes, devant les édifices officiels,
réclamant énergiquement l'abolition des abus dont ils souf-
fraient. Plusieurs maîtres bouchers, en particulier, venus en
députation, se firent remarquer par l'insistance tumultueuse
avec laquelle ils demandaient l'abolition des droits d'accise. Ils
s'engageaient, au cas que cette mesure fût décrétée, à vendre la
viande deux sols meilleur marché la livre[3]. Ils essayèrent
même de pénétrer dans la salle des séances du Conseil, mais en
furent empêchés par quelques membres du Magistrat, par
l'ammeistre en régence, Mathias Zaepffel, et le commissaire du
roi, qui tentèrent de les calmer en leur promettant de tenir

1. Rapport des représentants (Reuss, *op. cit.*, t. I, p. 127).
2. Récit de Godefroy Harthmann.
3. Déjà Hermann (*Notices*, t. I, p. 109) a fait remarquer ce qu'avait de singulier cette offre si généreuse puisque les droits d'accise n'étaient que de
quatre *deniers* par livre. On devine quelque surenchère démagogique de la
part des bouchers, afin d'entraîner la foule à des manifestations plus énergiques.

compte de toutes leurs réclamations, ce qui ne les apaisa pas
sur-le-champ, car ils crièrent assez brutalement que si on ne les
écoutait pas, ils « crêperaient le chignon à ces messieurs[1] ».
L'avocat général Fischer, un des représentants de la bourgeoisie, fort populaire à ce moment, parvint enfin à les contenter,
en leur promettant qu'à cinq heures au plus tard il serait fait
droit à toutes leurs demandes, au sujet du cahier, et que pour
les droits sur la viande, le Magistrat les diminuerait, dans la
mesure du possible[2].

Mais, les bouchers partis, le gros de la foule ne se dissipait
pas devant l'Hôtel-de-Ville, et la populace s'amusait à huer et à
siffler ceux des membres des Conseils qui y entraient ou en
sortaient, revêtus du manteau noir d'apparat qu'ils portaient
dans les séances officielles ; certains vauriens commençaient
même déjà à leur jeter des pierres et de la boue[3], si bien qu'au
lieu de tâcher d'arriver à une entente, les plus peureux ou ceux
qui sentaient peser sur eux la colère du « peuple », abandon-
nant leur costume traditionnel, se sauvèrent par une porte de
derrière de l'édifice[4]. D'autres de leurs collègues semblent avoir
tenu ferme et être restés en séance ; c'étaient sans doute les
libéraux du Magistrat, qui reconnaissaient la légitimité d'une
partie au moins des revendications populaires. Mais ils ne
purent s'entendre sur l'étendue des concessions à faire et finalement tout le monde, midi sonnant à la cathédrale toute proche,
s'en alla dîner.

Vers deux heures, les représentants de la bourgeoisie se
rendaient à leur tour à la Chambre des Treize, pour y siéger avec
les délégués du Magistrat[5]. Ce dernier accorda « sans réserve
les objets relatifs à la comptabilité, à l'administration des reve-
nus publics », mais il « opposa l'observance de plusieurs siècles

1. Récit de Harthmann (*dass sie ihnen in die Perrücken fallen würden*).
2. M. de Klinglin, se gérant en « père du peuple » — c'est ainsi que l'appelait la populace — se hâta de parcourir à cheval les rues de la ville, accompagné d'une troupe de gamins qui l'acclamaient, pour annoncer une diminution des taxes qui n'était pas encore décrétée.
3. Récit de Harthmann. Le *Beobachter* (p. 77) parle aussi de « bourses »
(*Haarbeutel*) coupées ou arrachées à certains de MM. du Magistrat.
4. Le correspondant du *Beobachter* de Stuttgart prétend que le Magistrat
tout entier dut se retirer clandestinement par une porte de service sous l'es-
corte de cent cavaliers (*op. cit.*, p. 76). C'est une confusion manifeste ; c'est
dans l'*après-midi* seulement qu'arrive la cavalerie lors du *second* exode.
5. Rapport des représentants (Reuss, *op. cit.*, t. I, p. 127-128).

au changement proposé pour rendre l'élection des échevins plus populaire, pour l'admission du scrutin, etc. ». Un long mémoire du Magistrat exposait les motifs de sa résistance et engageait les commissaires de la bourgeoisie à les « examiner de sang-froid ». C'était choisir un bien étrange moment pour des discussions quasi archéologiques. Aussi, les représentants, « connaissant les principes de la rumeur publique, qui augmentait visiblement », se « promirent peu de succès de ce nouvel examen » ; ils répliquèrent, en rappelant ce que l'un d'eux avait déjà dit l'avant-veille, en séance générale du Sénat, « que le Magistrat laissait échapper les rênes du gouvernement paternel en se retranchant derrière les parchemins ». L'échange de vues, s'il se produisit, ne fut pas long, en tout cas. « Nous ne fûmes pas un quart d'heure en conférence », dit le rapport, « sans être obligés de quitter la salle dans laquelle les pierres pleuvaient de la place de l'Hôtel-de-Ville ; nous nous rendîmes à l'assemblée des représentants convoquée pour entendre le résultat de la conférence[1]. »

En effet, les cent vingt-six *représentants* ou électeurs du second degré avaient été invités à se réunir également, à deux heures, au local de la tribu du *Miroir*[2], afin d'y recevoir communication des décisions du Magistrat qu'on espérait encore entièrement favorables. Ce bâtiment se trouvait à l'angle de la rue des Serruriers et de la rue du Miroir, à deux pas à peine de l'Hôtel-de-Ville, qui donne également, par une de ses façades latérales, dans la rue des Serruriers, mais un peu plus en avant vers le Marché-aux-Herbes, la place Gutenberg actuelle. La façade principale de l'Hôtel, bel édifice de la Renaissance allemande, construit vers 1585, présente, à ses deux étages, une série continue de larges fenêtres à plusieurs montants finement ciselés, séparées entre elles par des colonnes étroites[3]. Ces vitres innombrables devaient tenter, par le scintillement au soleil de juillet, les instincts destructeurs de la racaille qui encombrait le Marché-aux-Herbes, et comme la salle du Conseil des Treize

1. Rapport des représentants (Reuss, *op. cit.*, t. I, p. 128).
2. La tribu du *Miroir* était celle des notables commerçants, négociants en gros, banquiers, etc., la première en rang. Sa salle de réunion, très vaste pour l'époque, a servi tour à tour de café, de salle de concert, de loge maçonnique ; elle existe encore, si je ne me trompe, comme *Cinéma international*.
3. Je renvoie à la monographie de M. Hugo Haug, mentionnée plus haut, p. 37 ; il s'y trouve aussi une reproduction du tableau de Hans.

se trouvait au premier, vers le marché, on comprend aisément que, le bombardement une fois commencé, membres du Magistrat et commissaires des représentants aient dû quitter vivement la place. Ils se retirèrent sous la protection d'un piquet de cavalerie et se rendirent au *Miroir*, où la discussion reprit au sein de l'assemblée générale, entre les représentants et leurs commissaires. Nul de ces derniers ne voulait acquiescer à cette proposition presque dérisoire « d'un nouvel examen sur les questions qui leur tenaient le plus à cœur pour assurer l'égalité politique des citoyens et leur influence dans les élections[1] ». Le Magistrat finit par réclamer un nouveau délai de vingt-quatre heures seulement, pour prendre une décision finale. Les représentants répondirent, d'après un de nos récits, qu'ils lui accorderaient volontiers, pour leur compte, un mois tout entier, mais que les gouvernants devaient se charger eux-mêmes de solliciter ce sursis auprès du peuple[2].

En effet, le « peuple souverain » semblait entièrement maître de la situation, puisque les autorités civiles avaient perdu la tête et que les autorités militaires ne montraient guère plus de sang-froid. Nous apprenons de bonne source que c'est vers trois heures seulement que l'un des régiments de la garnison fut réuni sur la place d'Armes et que les généraux s'y rendirent également, « comme s'ils avaient voulu le passer en revue[3] ». Peu à peu, d'autres régiments vinrent les rejoindre, mais sans qu'on envoyât aucune force armée vers l'Hôtel-de-Ville, qui se trouvait à trois ou quatre minutes de marche de la place d'Armes. Ce n'est *qu'après* trois heures, alors qu'une députation du Magistrat fut venue réclamer à l'Aubette des défenseurs pour sa résidence officielle et après que M. de Dietrich, en personne, se fut rendu auprès de Rochambeau pour appuyer cette demande si naturelle, que ce dernier se décida à faire marcher un fort détachement d'infanterie. Il prit position sur le Marché-aux-Herbes et dispersa d'abord une partie des attroupements; mais ils se reformaient sans cesse et toujours de nouveaux agitateurs affluaient[4]; les rues adjacentes en étaient pleines et

1. Reuss, *op. cit.*, t. I, p. 128.
2. Récit de Harthmann.
3. Eimer, p. 71.
4. Ce n'étaient pas seulement des curieux; dès ce moment (trois à quatre heures), Friesé, témoin oculaire, signale la présence sur la place de nombreux

le tumulte était presque aussi grand sous les fenêtres de la salle
du *Miroir*, dans la rue des Serruriers, que devant l'Hôtel-de-
Ville lui-même[1]. Les curieux s'installaient parmi les étaux et
les boutiques des revendeuses de légumes, sans que les soldats
s'occupassent de les refouler davantage, et cela d'autant moins
qu'aucun des personnages de l'état-major n'avait encore quitté
la place d'Armes pour se rendre sur le lieu probable du conflit.
Seul, M. de Klinglin (qui était l'un des représentants élus de la
bourgeoisie) se montrait fréquemment à l'une des fenêtres du
Miroir, haranguant la foule « en paroles doucereuses », comme
le dit le bon Friesé, qui détestait le lieutenant du roi : « Mes
enfants, mes chers enfants, prenez patience, tenez-vous tran-
quilles! Tout ira bien, mes enfants, ayez confiance en moi,
etc.[2] »

On se rappelle que le Magistrat avait promis de donner une
réponse définitive à cinq heures du soir. Ce moment approchant,
on vit les membres des différentes « Chambres secrètes » revenir vers le local de leurs séances. Ils furent accueillis par les
lazzis de la foule et bientôt aussi par des volées de pommes de
terre et de trognons de choux, enlevés aux paniers des revendeuses; puis, de nouveau, des pierres furent lancées contre la
façade de l'édifice, sans que personne songeât à empêcher les
dégâts. « Les bons citoyens », dit naïvement Friesé, « se tenaient
à l'écart et attendaient, le cœur gros, la suite des événements,
tandis que le peuple hurlait, jurait et poussait d'épouvantables
menaces[3]. » Quelques bourgeois, moins timorés, ayant essayé
de calmer ces furieux, en leur faisant observer qu'ils saccag-
geaient leur propre patrimoine et qu'ils auraient, en fin de

compagnons de métiers, d'origine étrangère, armés de marteaux, de scies et de
haches (*Vaterlaendische Geschichte*, t. IV, p. 252).

1. Harthmann dit qu'on les comptait *par milliers;* pour qui connaît la topo-
graphie locale et l'étroitesse de la rue des Serruriers, l'exagération est manifeste.

2. Friesé, t. IV, p. 253. « Klinglin », disent les *Révolutions d'Alsace*, « par-
vient encore à contenir un peuple souvent trompé, impatient et furieux. » Déjà
auparavant le narrateur anonyme l'avait montré « joignant ses prières à celles
du peuple ».

3. Friesé, t. IV, p. 252. Le correspondant du *Beobachter* note que cette
foule était armée « d'instruments de meurtre » (*Mordgewehre*) de tout genre,
« depuis la fourche à fumier jusqu'à la broche » (n° VII, p. 76). Je suppose
qu'il exagère un peu, dans son désir de faire rire le public.

compte, à payer les dégâts, furent honnis, et le bombardement de la façade continua sans que ni Klinglin, ni aucun des autres officiers généraux donnât l'ordre d'intervenir aux troupes stationnées sur la place[1].

C'est ce moment que choisit le commissaire du roi pour entrer en scène. M. de Dietrich n'avait joué jusque-là qu'un rôle très effacé, du moins en apparence, dans toute cette affaire, soit parce qu'il n'avait aucune autorité directe sur le militaire, soit parce qu'il ne voulait pas compromettre sa popularité en défendant un régime qu'il sentait d'avance perdu. Maintenant que le Magistrat est atterré, que les représentants de la bourgeoisie eux-mêmes commencent à s'inquiéter de l'attitude des masses, il croit l'occasion favorable pour se faire valoir comme médiateur entre les partis. « M. le baron de Dietrich... », dit le rapport des représentants, « survint, résuma les demandes de la bourgeoisie et se chargea de faire connaître au Magistrat la détermination ferme et inébranlable des citoyens à en demander l'exécution[2]. » Je ne vois pas où M. Eimer a pu trouver que le commissaire du roi avait commencé par demander, au nom du Magistrat, une nouvelle discussion des articles en suspens[3]. Cette discussion, les représentants l'avaient refusée déjà et Dietrich était bien trop habile pour s'exposer de la sorte à un échec certain[4]. Friesé nous donne une paraphrase plus détaillée, mais moins authentique peut-être, de la déclaration des représentants, que nous venons de citer : « Ils savaient de source certaine », déclarèrent-ils, « que le peuple entourant l'Hôtel-de-Ville insistait pour l'acceptation du cahier des doléances tout entier, sans aucune exception ; les droits d'accise et d'octroi doivent être immédiatement abolis, sinon le peuple est prêt à détruire l'Hôtel-de-Ville et le Magistrat par le fer et le feu, sans épargner davantage les délégués de la bourgeoisie. Le peuple avait promesse que la garnison assisterait sans bouger à ces dévastations et à ces meurtres, même si les chefs lui ordonnaient

1. Le correspondant du *Beobachter* de Stuttgart veut même que Klinglin ait déclaré au Magistrat qu'il retirerait ses troupes si l'on continuait à braver les volontés du peuple (n° VII, p. 76).

2. Reuss, *op. cit.*, t. I, p. 128-129.

3. Eimer, p. 71.

4. A moins qu'il ne se soit chargé de la commission pour montrer sa bonne volonté au Magistrat, et sachant d'avance qu'il ne réussirait pas.

d'intervenir, que c'était maintenant au peuple à faire la loi et à veiller à ce qu'on lui rendît justice[1]. » Il est permis de douter également que le commissaire du roi ait employé des termes aussi énergiques en rapportant aux Conseils la réponse des électeurs, mais il les a certainement engagés à se soumettre à une nécessité impérieuse et à capituler pendant qu'il était encore temps. A-t-il ajouté, comme le dit une de nos sources[2], que ces concessions pourraient n'être que temporaires, et qu'une fois libre de ses mouvements, le Magistrat pourrait revenir sur les décisions arrachées par l'émeute? En pesant les circonstances, on se laisse aller à penser que peut-être Dietrich a dit des paroles analogues, afin de rendre un peu moins douloureuse la résolution nécessaire; mais certainement il n'a pas cru que pareille rétractation fût possible.

Quoi qu'il en soit d'ailleurs, ses pressantes exhortations et l'attitude menaçante de la foule l'emportèrent sur les dernières hésitations du Magistrat, qui se voyait abandonné, de fait, par l'autorité militaire et le représentant particulier du gouvernement royal. Le soir, à six heures, les membres présents des « Chambres perpétuelles » signaient un arrêté, par lequel ils déclaraient accorder le redressement de tous les abus énumérés dans le cahier de doléances de la ville, sans exception aucune, afin de rétablir l'accord, la paix et l'union entre le Magistrat et la commune de Strasbourg. Ils s'engageaient de plus à réunir le lendemain le corps du Magistrat, au grand complet, afin que la présente décision fût ratifiée solennellement par tous. La pièce était signée par le baron Zorn de Boulach, stettmeistre en régence, par l'ammeistre en charge, Mathias Zaepffel, deux autres stettmeistres, deux autres ammeistres, neuf membres des Conseils des Treize, des Quinze, des Vingt-un et du Grand Sénat et par le secrétaire Trombert[3].

Le décret fut immédiatement transmis à la salle du *Miroir*, puis M. de Klinglin, montant enfin à cheval, apparut devant l'Hôtel-de-Ville, se mit à haranguer la foule, lui annonçant la bonne nouvelle, avec accompagnement de fanfares, et finit par

---

1. Friesé, t. IV, p. 254.
2. Eimer, p. 72.
3. La pièce, avec la signature de tous les membres présents, a été publiée par M. Eimer, p. 166-167.

l'engager à se disperser. Puis il rentra chez lui, suivi par les acclamations populaires[1] et, sur la porte de son hôtel, au faubourg de Pierres, on plaça un grand transparent, avec ce vers latin :

Patrem te dicent filii, dicentque nepotes[2].

La ville fut derechef illuminée, au milieu des cris de joie ; les représentants, fiers d'avoir triomphé sans lutte, décidaient d'envoyer une adresse de remerciements au Magistrat, et le rédacteur de la *Gazette privilégiée de Strasbourg* écrivait en hâte un article enthousiaste pour le numéro du lendemain, 21 juillet, dans lequel il saluait « ce jour inoubliable dans nos annales, qui a vu disparaître toutes les plaintes qui s'étaient élevées et au cours duquel le Magistrat et la commune ont vu les liens indestructibles de l'affection et de la confiance mutuelles se renouer à jamais » ! Les journalistes sont parfois prophètes, il est vrai, mais assurément aucun ne se trompa jamais de plus lamentable façon dans ses visions d'avenir immédiat que le rédacteur dont je viens de citer l'épanchement lyrique.

Tout le monde, d'ailleurs, ne partageait pas cette confiance absolue ; ce qui le prouve, c'est le passage du rapport des représentants, où il est dit que des « citoyens paisibles, remarquant dans la foule du monde qui inondait les rues une quantité de figures qui leur furent inconnues, entendant de toute part déclamer sur l'énergie des exécutions de Paris et la prompte justice que le peuple s'était rendue lui-même, en conçurent de l'alarme et se présentèrent chez M. le comte de Rochambeau, nouveau commandant de la province, pour obtenir son agrément que la bonne bourgeoisie fût armée et unie aux troupes pour faire la police. *M. le commissaire-prêteur réclama la même faveur et ne put l'obtenir*[3], l'état-major comptant trop sur son influence et sur l'effet de la discipline militaire. Les trois journées marquées pour les réjouissances publiques sur l'apparition

---

1. L'auteur de la brochure *Révolutions d'Alsace*, en racontant que « le peuple se livre une seconde fois aux excès d'une joie effrénée », ajoute qu'on « se prosternait devant Klinglin, qu'on voulait lui baiser les pieds ».

2. Il faut avouer que ce détail sent la préparation d'un effet à produire et ne peut guère avoir été improvisé sur l'heure.

3. Ce détail que je souligne me paraît particulièrement curieux, en marquant l'antagonisme secret entre M. de Dietrich et Klinglin.

confiante et paternelle du roi aux États-Généraux n'étaient pas
écoulées encore; les nuits livrées aux excès et à la boisson
faisaient redouter du malheur et l'on sut trop tard que la boisson
avait été offerte à beaucoup d'individus[1] ». Le refus catégorique de Rochambeau est mentionné également par J.-F. Hermann, bien qu'il le place au 21 juillet (au lieu du 20), mais sans
qu'il l'ait autrement expliqué[2]. Pourquoi ce refus du concours
de la « bonne bourgeoisie »? Le général craignait-il vraiment
de fournir des armes à la population strasbourgeoise? M. de Klinglin, son conseiller obligatoire — puisque Rochambeau lui-
même venait seulement d'arriver — lui avait-il soufflé sa haine
contre le Magistrat, ou voulait-il tout simplement ne partager
avec personne la gloire d'avoir pacifié *tout seul* les mouvements
révolutionnaires? Poursuivait-il, en conseillant cette attitude
expectante à Rochambeau, des projets plus cachés[3], comme l'ont
soupçonné, puis dit ouvertement, bien des contemporains? On
ne pourra jamais répondre, je le crains, à ces questions avec une
entière certitude. Ce qui ne semble pas discutable, c'est que les
autorités militaires seules doivent être considérées comme res-
ponsables des désordres du lendemain; ni le Magistrat, ni M. de
Dietrich, ni les représentants de la bourgeoisie ne disposaient
des moyens nécessaires pour dompter l'émeute, puisqu'on refu-
sait des armes aux citoyens prêts à défendre la cause de l'ordre
contre elle.

1. Reuss, *op. cit.*, t. I, p. 129. Les « citoyens paisibles » étaient inquiets;
mais il se peut que les représentants de la bourgeoisie ne le soient devenus
qu'après coup, et quand les désastres du lendemain leur eurent ouvert les
yeux.

2. Hermann, *Notices*, t. I, p. 109.

3. Certains ne font que répéter, comme Friesé, les rumeurs publiques; mais
Hermann, par exemple, connaissait personnellement Klinglin; il ne le détestait
pas; il l'appelait « un bon militaire et, dans sa vie privée, un brave et galant
homme ». On peut donc l'en croire quand il déclare : « Toute sa conduite,
à l'époque de la révolution, a fait voir qu'il voulait saisir l'occasion de venger
les mânes de son père sur les successeurs innocents de ses adversaires. Ceux
qui se permirent ces désordres l'appelaient eux mêmes leur père », et plus loin
il nous montre Klinglin « suivant à cheval, d'un pas tranquille, les mouvements
tumultueux » de la foule (*Notices*, t. I, p. 197).

V.

La journée du 21 juillet.

Le mardi, 21 juillet, au matin, le Magistrat se réunissait, selon
ses promesses, confirmait, en séance plénière du Sénat et des
Vingt-un, le décret rendu la veille — non pas, semble-t-il, sans
un suprême effort de résistance de la part des derniers intransi-
geants[1] — et décidait qu'on demanderait au roi de le ratifier
également. Puis, sans plus tarder, la pièce authentique fut
envoyée aux représentants, qui firent imprimer sur-le-champ et
afficher partout cet engagement solennel; en même temps, le
Magistrat votait l'abolition des droits d'octroi et d'accise et une
forte diminution de la taxe sur la viande. Cela fut fait avant
midi et toute cause de troubles semblait ainsi écartée, quand de
singulières rumeurs commencèrent à se répandre par la ville, à
y semer l'inquiétude et à surexciter de nouveau les esprits à
peine apaisés. Le Magistrat, disait-on, revenait sur ses promesses; il ne se regardait pas comme lié par la signature de
quelques-uns de ses membres; les concessions relatives au prix
de la viande et du pain ne seraient pas maintenues, etc.[2]. Il
n'est pas possible de ramener directement à certains groupes ou
à certaines individualités l'origine de ces rumeurs qui furent
évidemment disséminées dans les différents quartiers vers le
même moment, c'est-à-dire vers midi. Mais toutes nos sources
sont d'accord sur ce point : les bruits ne sont pas le fruit du
hasard ou d'un simple malentendu; ils ont été *intentionnelle-
ment* répandus pour troubler la tranquillité publique. « La
cabale », dit le rapport des représentants, « l'envie, la fureur, le
désir du pillage, d'autres passions dont Dieu connaît les moteurs,
et dont le temps découvrira peut-être la trame, avaient répandu
le bruit insidieux, faux et calomnieux que le Magistrat s'était
rétracté de l'arrêté de la veille[3]. » La même impression se

---

1. En définitive, le vote fut pris à l'unanimité après que l'ammeistre Mathias
Zaepffel, qui présidait la séance, eut prononcé quelques paroles dignes sur la
situation douloureuse dans laquelle on se trouvait. On les trouve chez Strobel-
Engelhardt, t. V, p. 316.

2. Il en est fait mention dans le récit *Wahre und authentische Nachricht*,
trouvé par M. Eimer aux archives de Carlsruhe (Eimer, p. 73).

3. Reuss, *op. cit.*, t. I, p. 130.

dégage des récits plus succincts de Hermann[1], de Friesé[2], de G. Harthmann[3], de l'auteur des *Révolutions d'Alsace*[4]; il y eut concert de meneurs agissant dans la coulisse pour réaliser cet assaut de l'Hôtel-de-Ville que la capitulation brusque du Magistrat avait empêché dans l'après-midi du 20 juillet. Ils ont dû se mettre à l'œuvre d'assez bonne heure déjà, puisque les représentants « eurent occasion de remarquer que cette calomnie échauffait les esprits » *avant même* que « le décret confirmant la ratification pleine et entière du cahier » fût imprimé. Quand l'impression fut terminée, ils se hâtèrent d'en donner lecture « au peuple qui nous menaçait jusqu'au haut de l'escalier de la salle dans laquelle les représentants furent rassemblés », c'est-à-dire sans doute dans la salle du *Miroir*[5]. « En vain », continue le rapport, « réunis à l'état-major[6], expliquâmes-nous avec force et confiance que toutes les demandes de la bourgeoisie étaient accordées. On nous arracha le papier des mains avec fureur, criant, mais on ne diminua rien, parce qu'on avait abusé de la crédulité des instruments de ces désordres en leur persuadant que tous les octrois devaient cesser, qu'à Paris on avait démoli les bureaux d'aides et de perceptions et que tout serait à meilleur marché en intimidant les magistrats. » C'est ainsi que le *mouvement politique* se changeait en une émeute provoquée par la *crise économique*, vraie ou prétendue, puisque cette dernière permettait de mettre plus facilement en branle la populace.

La situation parut subitement bien grave aux bourgeois libéraux qui, tout à l'heure, se croyaient les maîtres de l'heure. « Nous entendîmes avec effroi les hurlements s'accroître », avouent-ils

1. *Notices*, t. I, p. 100.
2. Friesé, t. IV, p. 255.
3. Récit de Harthmann, *passim*.
4. « Bien persuadé que le Magistrat n'a plié que par nécessité, le peuple l'insulte encore... Des misérables, avides de pillage, publient que les magistrats s'étaient rétractés, qu'ils allaient hausser le prix des denrées. Des affiches font voir que la diminution du sou par livre que les bourgeois avaient demandée n'était en effet que d'un liard. *On assure que le baron de Klinglin n'a pu retenir ses larmes en l'annonçant au peuple.* » (C'est nous qui soulignons ce dernier passage.)
5. Il faut bien que cette scène se soit passée dans ce dernier local, parce que les représentants n'avaient rien à faire à l'Hôtel-de-Ville et que d'ailleurs il ne fut envahi que plus tard.
6. Il s'agit probablement de M. de Klinglin, qui siégeait, on s'en souvient, parmi les représentants.

eux-mêmes ; « en descendant, nous vîmes la place remplie de femmes, d'enfants, de soldats sans armes[1]. M. le lieutenant du roi[2] fut prié de trouver un moyen de faire retirer la troupe non armée dans ses quartiers. » Cela se passait vers quatre heures ; M. de Klinglin ne se pressa nullement de satisfaire à ce vœu, car c'est vers six heures seulement que l'état-major « fit battre la générale pour la retraite des troupes[3] ». Jusqu'à ce moment, les soldats débandés stationnaient au milieu de la populace et, si je comprends bien un passage du rapport des représentants, ce sont même eux qui distribuaient les « billets séditieux » portant ces mots : « Citoyens, attaquez ! Nous aimons à manger la viande à aussi bon marché que vous[4] ! » Friesé raconte qu'après trois heures on vit « des ouvriers qui travaillaient sur des chantiers hors ville abandonner leur besogne et se retirer en hâte, sans dire à leurs patrons où ils allaient ; d'autres artisans quittaient leurs ateliers, le marteau ou la pince à la main, et se dirigeaient en hâte vers la place du Marché-aux-Herbes ; les compagnons menuisiers et maçons connaissaient d'avance l'heure de l'attaque[5] ». Il y a donc eu, bien évidemment, entente tacite et mot d'ordre préalable au sujet de ce qui allait se passer[6].

En présence de ces dispositions non équivoques de la foule amassée devant l'Hôtel-de-Ville, l'inertie des autorités militaires fut incroyable et scandaleuse[7]. Sans doute, il est à peu près impossible d'arriver à fixer d'une façon, même approximative, le chiffre de la force armée qui se trouvait autour de l'Hôtel-de-

---

1. Reuss, *op. cit.*, t. I, p. 130.

2. M. de Klinglin.

3. *Rapport* (Reuss, t. I, p. 131).

4. Je me crois en droit de leur attribuer la distribution de ces billets puisque le *Rapport* dit que c'est ce fait qui poussa l'état-major à faire battre la générale.

5. Friesé, t. IV, p. 256.

6. D'après Hermann (t. I, p. 109), « on entendit battre la générale *avant qu'il y eut des attroupements*, et c'est ce qui les fit naître, chacun accourant sur la place où l'on croyait qu'il y avait des troubles ». Ce doit être une petite erreur chronologique de la part du narrateur ; à ce moment, la place regorgeait certainement déjà de monde et le tumulte était grand.

7. Harthmann place, à ce moment, une nouvelle demande des bourgeois et des *représentants*, faite à Rochambeau et Klinglin, de leur fournir des armes pour la défense de la maison commune ; ils auraient refusé derechef « sous le prétexte que Strasbourg était ville frontière et forteresse ». — Rochambeau ne parle point de ces sollicitations dans ses *Mémoires*. Il place d'ailleurs l'assaut à *trois heures* de l'après-midi, ce qui montre combien ses souvenirs étaient peu précis au moment où il les rédigeait (t. I, p. 353).

Ville au moment où commença l'assaut; nos récits présentent à ce sujet les divergences les plus notables; tandis que les uns parlent d'un régiment entier, voire même de plusieurs régiments[1], d'autres ne mentionnent tout d'abord que de cent à cent cinquante hommes d'infanterie et de cavalerie, amenés par MM. de Rochambeau et de Klinglin[2]. Mais nous savons, d'autre part[3], que la garnison entière était alarmée, que des piquets nombreux étaient stationnés dans divers quartiers de la ville, devant les bâtiments publics et jusque vers la citadelle; rien n'aurait donc été plus facile que de maintenir l'ordre sur la place du Marché-aux-Herbes et d'en écarter la canaille, en faisant converger vers ce point quelques-uns des détachements sous les armes. Comme le dit le bon Friesé, « une solide patrouille de vingt à trente hommes y aurait suffi... », si les troupes avaient été disposées à se servir de leurs baïonnettes contre les émeutiers. On est ainsi ramené sans cesse vers cette question à double face : y eut-il connivence entre les *soldats* et la *plèbe civile*, et les chefs militaires furent-ils *paralysés par l'insubordination de la troupe*, ou bien *certains chefs militaires tout au moins, d'accord avec certains meneurs*, retinrent-ils dans l'inaction les forces militaires disposées à faire tout leur devoir? Nous aurons à nous décider sur ce point tout à l'heure; mais il vaut mieux compléter d'abord le simple récit des faits avant d'examiner les motifs des acteurs.

« La retraite des soldats dans leurs quartiers fut suivie immédiatement, à six heures, de l'apparition d'ouvriers armés de haches et de marteaux qui s'avancèrent par trois rues[4], enfoncèrent avec leurs haches les portes de l'Hôtel-de-Ville, y cherchèrent les échelles pour l'escalader et montèrent paisiblement dans les étages supérieurs[5]. » Cette phrase unique du rapport des représentants résume une série de petits faits successifs qui

---

1. Évidemment, les narrateurs ont quelque peu confondu les différents actes du drame; vers la fin, la troupe déploya des effectifs beaucoup plus nombreux (cf. Dampmartin, Rochambeau, Friesé, etc., chez Eimer, p. 74-75).

2. Récit de Harthmann.

3. Friesé, t. IV, p. 257.

4. Les rues des Serruriers, de l'Épine et de l'Arbre-Vert, qui existent encore. Seulement, l'ancien Hôtel-de-Ville, devenu l'hôtel de la Chambre de commerce, ne s'étendait pas alors jusqu'à la ruelle de l'Arbre-Vert; on a prolongé de ce côté sa façade (vers 1870) en démolissant quelques vieilles maisons qui faisaient suite au bâtiment de 1585.

5. Reuss, *op. cit.*, p. 131.

se déroulèrent entre quatre et six heures du soir. Tout d'abord, alors qu'une foule immense se pressait sur la place, on vit « les pires des individus qui n'étaient ni bourgeois ni *protégés*, qui vivaient de mendicité et de gains occasionnels, mêlés à quelques-uns des plus misérables bourgeois, des voyous (*Lumpengesindel*) », ouvrir un nouveau bombardement contre la façade de l'édifice, brisant les dernières vitres intactes à coups de pierres, de gourdins, de navets, de pommes de terre et autres légumes enlevés de force aux marchands de la place[1]. Les soldats — qu'ils fussent plus ou moins nombreux à ce moment, cela n'importait guère — se bornaient, avec une placidité parfaite, à faire reculer un peu la masse des simples curieux afin de n'être pas blessés par les pierres et les éclats de verre qui retombaient; à plus forte raison les bourgeois, non armés, se gardaient-ils d'intervenir. Un brave citoyen, emporté par la colère, ayant frappé d'un coup de parapluie, la seule arme qui fût à sa disposition, son voisin qui lançait des projectiles, fut, au dire de Harthmann, rossé d'importance et maltraité de la façon la plus cruelle. Cette scène de confusion générale dura quelque temps; puis les premiers agresseurs s'enhardirent à pénétrer dans le bâtiment, sur ses derrières, vers la rue de l'Épine, ou par les toits des maisons qui se trouvaient entre l'Hôtel-de-Ville et la rue de l'Arbre-Vert, où ne stationnaient pas de soldats. Depuis longtemps les derniers membres du Magistrat avaient fui[2]; avec eux ou après eux, tous les fonctionnaires subalternes, secrétaires, trésoriers, archivistes, scribes de tout genre; il ne semble pas que les émeutiers, après l'escalade, aient rencontré âme qui vive dans le vaste édifice. Quand on s'aperçut sur la place que certains avaient pénétré déjà dans l'immeuble, la ruée devint irrésistible; pendant que les grandes portes du rez-de-chaussée volaient en éclats sous les coups de haches, de robustes gaillards apportent des échelles, préparées en vue de l'illumination qui avait été décidée pour la soirée; ils les dressent contre la façade et, après un instant d'hésitation qui ne dura

1. Harthmann, *passim*.

2. J.-B. Schérer affirme (il donne, je dois le dire, l'impression d'avoir été témoin oculaire) que des bouchers, leur tablier blanc rempli de menue monnaie de cuivre, stationnaient sur la place du Marché-aux-Herbes et disaient à la racaille : « Si tu réussis à casser encore telle et telle vitre, tu auras tant et tant de sols! » (*Greuel der Verwüstung*, p. 51).

guère, ils montent à l'assaut[1]. On dit que ce fut Chrétien Voll-mar, jeune Mayençais de dix-neuf ans, le fils du cocher de Son Altesse Sérénissime l'Electeur de Mayence, qui sauta le premier dans la citadelle, si facilement conquise, de l'oligarchie stras-bourgeoise[2]. D'autres suivirent en nombre toujours croissant, les uns grimpant aux échelles, les autres envahissant les larges escaliers, une fois les portes brisées ; beaucoup dégringolèrent en hâte les marches vers les vastes caves où le Magistrat abritait une quantité respectable des meilleurs crus de son territoire, ce que n'ignoraient pas les émeutiers assoiffés.

A partir de ce moment, ce fut un déchaînement de bestialité inouï qui se manifeste dans les sous-sols, aux différents étages et jusque dans les greniers et sur la toiture de l'édifice. « Les portes des caves furent hachées et 1,700 mesures de vin détruites[3] », dit le rapport des représentants ; ce qu'il ne dit pas, c'est que les pillards, ivres-morts, restèrent étendus parmi les tonneaux gigantesques[4], débondés ou brisés, et que plusieurs furent trouvés plus tard noyés dans les flots du vin qui les avaient inondés[5]. Au premier étage se trouvaient les salles d'ap-parat, les lieux de réception, les locaux des séances des Conseils ; ils furent saccagés en un clin d'œil par la foule qu'aucune résis-tance ne pouvait cependant irriter, puisque tout était désert ; puis ce fut le tour des bureaux des différents dicastères abandon-nés, des caisses publiques elles-mêmes laissées sans défenseur au

1. D'après J.-B. Schérer (*Greuel der Verwüstung*, p. 53), les échelles étaient déjà dressées sur la façade de l'Hôtel-de-Ville en vue de l'illumination qui devait se faire le soir, pour la pose des lampions. On n'aurait donc eu qu'à y grimper.

2. Strobel-Engelhardt, t. V, p. 329, d'après les archives du palais de Justice, incendiées lors du bombardement de Strasbourg en 1870.

3. Friese (t. IV, p. 259) parle seulement de 1,300 mesures, « principalement du vin rouge vieux », mises au pillage. La *mesure* strasbourgeoise (*ohm*) équi-valant à peu près à quarante-six litres actuels, cela faisait 600 hectolitres envi-ron d'après le bon magister, près de 800 hectolitres d'après les représentants. Tout ne fut pas d'ailleurs consommé sur place ou gaspillé. Friese raconte en effet que beaucoup de gens avisés arrivaient avec des tonnelets, des tendelins et des baquets, les remplissaient « librement et sans être dérangés » et les remportaient chez eux.

4. Les tonneaux des caves de l'Hôtel-de-Ville contenaient 160 *ohms*, c'est-à-dire environ quarante-huit hectolitres chacun (Engelhardt, t. I, p. 322).

5. *Mémoires de Rochambeau*, t. I, p. 354, et *Beobachter* de Stuttgart, p. 102. Les témoins contemporains disent, sans *trop* d'exagération, que les pillards des caves étaient dans le vin jusqu'aux genoux ; Taine (*Origines*, t. III, p. 98) raconte qu'il y formait « un étang de cinq pieds de profondeur » !

milieu de la panique universelle. Partout on enfonçait les portes, on détruisait à coups de hache et de marteau les meubles, les miroirs, les fauteuils des magistrats ; on jetait par les fenêtres les portraits royaux et autres tableaux[1], la vieille bannière de la ville libre, les bancs et les chaises, les armoires, les coffres-forts et jusqu'aux lourds poêles de fonte[2]. On lacérait les tentures, on démolissait les embrasures des fenêtres ; finalement, quand tout fut saccagé dans les deux étages[3], on grimpa sur le toit, on se mit à ébrécher les lucarnes, à jeter les tuiles dans la rue, on attaqua même la charpente de l'édifice et les cheminées. Les uns détruisaient pour détruire ; d'autres, plus pratiques et moins scrupuleux, forçaient les caisses de fer où se trouvaient déposées les sommes nécessaires aux dépenses administratives courantes ou les dépôts des pupilles confiés à la gestion du Magistrat. Les sacs remplis d'écus volaient par les fenêtres, suivis par les caisses elles-mêmes. « En prenait qui voulait », dit Harthmann. D'autres visiteurs de l'immeuble au pillage choisissaient quelque « souvenir » à leur convenance, quelque objet d'art, s'ils étaient connaisseurs, ou simplement quelques morceaux de verre sans valeur, comme le brave cordonnier dont parle Hermann, qui avait fait provision de fragments des vitres de la *Pfalz* pour une des manipulations de son métier[4].

Mais au cours de cette journée néfaste, si riche en destructions inutiles et absurdes, il n'y en eut pas de plus odieuse que

1. Jean Hermann (*Notes historiques et archéologiques*, éd. Reuss, 1905, p. 42) mentionne les tableaux de Sébastien Stosskopf « détruits dans l'infâme pillage de la maison de ville ». D'après la *Description historique et topographique de Strasbourg*, attribuée à M. de Hautemer (1785), « on n'en fait pas grand cas, quoiqu'ils soient parfaits en leur genre, qui est celui de la nature morte » (p. 105).

2. L'un d'eux manqua écraser Rochambeau : « J'en fus quitte », dit-il, « pour la perte de la moitié de mon habit qui fut emporté par un gros poêle de fonte jeté par une fenêtre » (*Mémoires*, t. I, p. 354).

3. M. Eimer a cité quelques passages des procès-verbaux officiels dressés après le sac de l'Hôtel-de-Ville pour constater l'état des lieux. On voit que dans telle salle il ne reste « que les quatre murs et la pierre ronde sur laquelle était posé le poêle » ; dans une autre « il n'y a plus ni portes ni fenêtres » ; dans une troisième il reste un rayon sur lequel étaient rangés les registres ; une quatrième « ne renferme plus que les quatre murs ». On voit qu'il était difficile de « nettoyer » plus énergiquement le château fort des *tyrans!* (Eimer, p. 76). — « On ne laissa subsister que les quatre murs de ce vaste édifice, écrit l'auteur des *Révolutions d'Alsace*, et bientôt il ne resta plus la moindre trace de l'ancien gouvernement. » Il allait un peu vite en besogne.

4. *Notices*, t. I, p. 199.

le sac des archives anciennes de la vieille république. Les contemporains en furent douloureusement frappés; l'historien le déplore plus que tout le reste. Voici comme en parle le rapport des représentants, après avoir mentionné les autres pertes, « suite naturelle de tout tumulte de cette espèce » : « Un Hôtel-de-Ville dans lequel aucun Magistrat ne demeure, escaladé à une heure où aucune chambre ne siégeait, pour détruire, déchirer et anéantir les papiers, les documents de huit siècles qui assurent leur état et leurs privilèges à une bourgeoisie fidèle et paisible, voilà l'événement que nous avons vu sous nos yeux, ayant un militaire nombreux, armé, posté devant et à la porte de cet Hôtel-de-Ville. Il a été exercé une fureur barbare sur des papiers; ils ont été tous jetés par les fenêtres, traînés jusqu'aux fossés pour les jeter dans la rivière, et toutes les rues étaient jonchées de papiers, des inventaires de partage et de succession de nos pères et des comptes des tutelles des orphelins. Après avoir enfoncé les portes et doubles portes de toutes les archives pour jeter dans la boue les bulles d'or des empereurs, des chartes et lettres de nos rois, on a démeublé avec les haches toutes les salles[1]... » Sur la place du Marché, dans la rue des Serruriers, il y avait des amoncellements de paperasses lacérées, hauts de plusieurs pieds, et des centaines de spectateurs, hommes, femmes et enfants, en emportaient chez eux avec d'autre butin, dans les différents quartiers de la ville[2]. Plus tard, les autorités firent rechercher avec soin ces fragments de registres[3], de comptes, de correspondances, et pendant cinq ans les archivistes furent occupés à les trier et à les recoller, dans la mesure

---

1. Rapport (Reuss, *op. cit.*, t. I, p. 131).

2. Voir là-dessus le témoignage de Rühl, qui rencontra cette foule « les mains remplies de papiers volés et de tapisseries en lambeaux », près du pont du Corbeau, comme il revenait chez lui d'un voyage en Allemagne. Son postillon n'avançait qu'avec peine à travers le flot populaire qui traînait en triomphe des rideaux de soie déchirés, des trumeaux, des encadrements de fenêtre, des vases brisés, etc. Les rues d'alentour, ajoute-t-il dans le rapport adressé au prince de Linange, immédiatement après son retour, sont jonchées de paperasses et de parchemins » (Eimer, p. 77).

3. Nous avons retrouvé jadis aux archives municipales une note officielle de l'archiviste Jean-Daniel Ehrlen, rédigée en 1789, adressée au Magistrat, dans laquelle il déclare que du grand recueil en cinquante volumes d'édits et d'arrêtés du Magistrat, commencé en 1681, « quinze ont été perdus, déchirés, égarés lors du pillage de l'Hôtel-de-Ville »; il demande s'il doit essayer de les reconstituer (*Actes révolutionnaires*, fasc. 428).

du possible, non sans laisser de grosses lacunes dans les dossiers et les procès-verbaux officiels[1].

Parmi tous les témoignages directs sur ce sac de l'Hôtel-de-Ville, un de ceux qui mérite le plus d'être cité, parce qu'il émane d'un spectateur intelligent et absolument désintéressé dans les luttes intestines qu'il raconte, c'est celui du *Voyage en France* d'Arthur Young. L'économiste anglais venait d'arriver par un pur hasard à Strasbourg et, le 21 juillet, au soir, il notait dans son journal les détails suivants : « J'ai assisté à une scène curieuse pour un étranger, mais terrible pour les Français qui y réfléchiront. En traversant la place de l'Hôtel-de-Ville, j'ai trouvé la foule qui criblait de pierres les fenêtres de cet Hôtel, malgré la présence d'un piquet de cavalerie. La voyant chaque minute plus nombreuse et plus hardie, je crus intéressant de rester pour voir où cela en viendrait et je grimpai sur le toit d'échoppes situées en face de l'édifice, objet de sa rage. C'était une place très commode. » Après avoir décrit le bris des portes et l'escalade du bâtiment, Young continue ainsi : « Dès ce moment, ce fut une pluie de chaises, de fenêtres, de volets, de tables, de sofas, de livres, de papiers, de tableaux par toutes les ouvertures du palais, qui a de soixante-dix à quatre-vingts pieds de façade; il s'en suivit une autre de tuiles, de planches, de balcons, de pièces de charpente, enfin de tout ce qui peut s'enlever de force dans un bâtiment. Les troupes, tant à pied qu'à cheval, restèrent spectateurs impassibles. D'abord elles n'étaient pas assez nombreuses pour intervenir avec succès; plus tard, quand elles furent renforcées, *le mal était trop grand pour qu'on pût faire autre chose que garder les approches*, sans permettre à personne de s'avancer, mais en laissant se retirer ceux qui le voulaient avec leur butin... Pendant deux heures,

---

1. Friesé, t. IV, p. 258-259. L'auteur se trompe d'ailleurs en disant que les archivistes d'alors ont fait la besogne en entier. Encore trois quarts de siècle plus tard, j'ai vu, pendant des années, M. l'archiviste Brucker consacrer de longues heures à confronter patiemment, à ajuster et recoller des liasses provenant du sac de l'Hôtel-de-Ville; j'ai travaillé moi-même sur bien des dossiers du xviiᵉ siècle, trempés de vin et d'eau de pluie, maculés de boue, parfois aux trois quarts pourris, qui avaient subi la *défénestration* de juillet 1789. L'administration d'alors — elle avait d'autres soucis — s'était contentée de remettre un peu d'ordre dans les papiers d'un usage pratique quotidien. Le reste avait été replacé, un peu pêle-mêle, dans des cartons et tiroirs et ne fut débrouillé que bien plus tard.

je suivis de différentes places les détails de cette scène, d'assez
loin pour n'avoir pas à craindre le danger des meubles qui tom-
baient[1], d'assez près pour voir écraser devant moi un beau gar-
çon d'environ quatorze ans qui tendait quelque butin à une
femme que son expression d'horreur me fait croire être sa mère[2].
Je remarquai plusieurs soldats avec leurs cocardes blanches *au
milieu de pillards et qui excitaient la canaille sous les yeux
des officiers du détachement.* Il y avait parmi eux des personnes si bien vêtues que leur vue ne me causa pas peu de sur-
prise. » Notre voyageur termine par une réflexion qui témoigne
de son bon sens pratique ; après avoir raconté que les rues envi-
ronnantes étaient jonchées de papiers, il ajoute : « C'est une
barbarie gratuite, car il s'en suivra la ruine de bien des familles
qui n'ont rien de commun avec les magistrats[3]. »

Ce qu'on a peine à concevoir, c'est que ces actes de vanda-
lisme, ces vols et ces pillages se soient commis finalement en
présence d'une portion très notable de la garnison de Strasbourg, et cependant rien n'est plus certain. Qu'au début de
l'après-midi les forces amenées aient été insuffisantes pour
empêcher le tumulte, on pourrait au besoin l'admettre[4] et l'on
comprend qu'un officier subalterne n'ait pas été disposé à ris-
quer une répression, qui aboutirait peut-être à une effusion de
sang. Le massacre de M. de Launay, après la prise de la Bastille, était trop récent pour ne pas décourager de pareilles initia-
tives. Mais peu à peu — au plus tard après six heures du
soir[5] — il arrive sur la place des contingents considérables,

---

1. Young, *Travels*, p. 142. Dans la traduction de Lesage, qui n'est pas toujours exacte, on fait dire au voyageur « pour ne pas craindre les dangers de
l'incendie ». Il n'est nullement question d'incendie dans l'original.

2. Chose curieuse, voici une mort d'homme qui a lieu devant des centaines
de spectateurs, racontée par un témoin de sang-froid, observateur de profession, et pourtant, dans aucune des nombreuses relations sur la journée du
21 juillet qui nous sont parvenues, il n'est fait mention de la fin tragique de
cet adolescent, écrasé (*crushed to death*) sous les yeux de sa mère, alors qu'elles
nous ont conservé tant d'autres détails vraiment insignifiants. Cela prouve, une
fois de plus, combien toute documentation historique, même la plus abondante,
demeure toujours fragmentaire.

3. *Travels*, p. 143.

4. Encore avons-nous vu que, selon Friesé, cinquante baïonnettes auraient
suffi pour mettre fin au tumulte, entre trois et quatre heures. C'était aussi
l'avis du colonel, prince Frédéric de Hesse (Eimer, p. 80).

5. D'après certaines sources, les contingents de la garnison seraient arrivés
en partie dès *quatre heures;* mais les indications chronologiques précises sont
plutôt rares.

une partie de Royal-Cavalerie[1], puis un ou plusieurs bataillons
du régiment d'Artois, puis enfin le régiment d'Alsace, que
Rochambeau amène en personne, avec le colonel-propriétaire,
le prince Max de Deux-Ponts. Et nous savons déjà qu'il y a
d'autres troupes formées sur la place d'Armes, sur la place du
Broglie, près de l'Arsenal, etc. Il y a donc surabondance de force
armée disponible. Comment le commandant en chef de la province ne fait-il aucune tentative pour interrompre ces scènes
révoltantes, ce siège de la résidence officielle de l'autorité civile,
dont la dévastation se poursuit, des heures durant, devant un
effectif d'infanterie et de cavalerie capable d'écraser en un clin
d'œil ces quelques centaines d'émeutiers ou de voleurs profes-
sionnels qui opéraient tout à l'aise devant des milliers de spectateurs assez amusés peut-être, mais devant d'autres aussi très
attristés de ce spectacle et dont aucun n'aurait certainement
opposé de résistance aux sommations de l'autorité militaire?
Rochambeau lui-même ne l'explique en aucune manière. Il
se borne à dire brièvement : « Je fis battre la générale au
premier avis; les piquets de cavalerie s'y portèrent (à l'Hôtel-
de-Ville) aux ordres de M. de Klinglin; je me mis à la tête
du régiment d'Alsace. *Je trouvai cette maison de ville à
moitié pillée et dévastée; Klinglin pérorait et rien ne
pouvait arrêter ce peuple furieux*[2]. » Le lieutenant du
roi *pérorait* en effet, et cela d'une façon bien dangereuse
pour la tranquillité publique, puisqu'il disait aux émeutiers :
« Enfants, faites ce que vous voudrez, mais ne mettez pas le
feu[3]! » Le mot est confirmé, dans une forte mesure, par le passage du rapport des représentants où il est dit : « Dans ce pillage affreux, la consigne des troupes du roi fut de prévenir
l'incendie; leur fonction et leur présence se bornèrent à agir lors-
qu'on serait intentionné de mettre le feu[4]. » Quand les « amis du
bon ordre » parlaient aux chefs des nombreux détachements qui
environnaient le lieu du tumulte, pour les pousser à intervenir,

1. Le correspondant du *Beobachter* de Stuttgart déclare que c'est à *six heures*
du soir seulement que le commandant « fit avancer *quelques troupes* pour
observer les désordres et en empêcher l'extension » (n° IX, p. 102).

2. *Mémoires*, t. I, p. 353.

3. Rapport du bailli Strobel, de Kehl, cité par Eimer, p. 75-76. — Taine
(*Révolution*, t. I, p. 97, 23° éd., 1900) fait « périr dans les flammes » les
archives de la ville; il n'y eut pas d'incendie ni de feu de joie allumés ce
jour-là. Il place d'ailleurs le sac de l'Hôtel-de-Ville au 19 juillet.

4. Reuss, *op. cit.*, t. I, p. 131.

ils répondaient, d'après Hermann : « Nous avons ordre de ne
pas agir ! » Quelques-uns de ces citoyens (peut-être Hermann
lui-même), s'étant approchés de Rochambeau et lui exprimant
leur étonnement de cette « inconcevable inaction », le pres-
saient de donner les ordres nécessaires, ce « respectable guer-
rier » leur dit : « Voulez-vous que je fasse égorger la bourgeoisie
par ma troupe ? » — « M. le marquis, il n'est pas un bourgeois qui soit parmi cette canaille, l'on ne tirera pas un coup
de fusil ; faites avancer un trompette, faites sonner un ban,
ordonnez la fin du pillage et que tous se retirent dans cinq
minutes ! Tous se retireront, le pillage cessera[1]. » — Peut-être
qu'en dépit de ces encouragements et de ces prières, le commandant en chef aurait hésité encore à sévir si la situation ne s'était
aggravée subitement. L'Hôtel-de-Ville ayant été saccagé à fond,
la rage non encore assouvie des bandes qui y « travaillaient »
se porta sur le bâtiment voisin de la *Chancellerie* urbaine, qui
était en communication avec l'Hôtel-de-Ville par un pont couvert qui passait au-dessus de la rue des Serruriers. Dans ce
bâtiment se trouvait aussi la *Chambre des contrats* où étaient
déposés tous les titres de propriété des Strasbourgeois et ce que
nous appellerions aujourd'hui le cadastre de la ville libre. Déjà
trois des services publics avaient été saccagés, « la Chambre des
tutelles avec le dépôt des enfants mineurs, le dépôt des masses
en litige au greffe du Sénat, le bureau de perception des aides » ;
la crainte de voir leurs fortunes entièrement compromises fit
que ces bourgeois redoublèrent d'instances auprès de Rochambeau quand se produisit cette invasion nouvelle. « Je pris ce
moment, raconte-t-il lui-même, pour animer les grenadiers d'Alsace. « Mes enfants », leur dis-je, « ce sont vos papiers qu'on
« pille et vos contrats qu'on saccage. Ne souffrez pas un pareil
« brigandage, entrez et chassez à coups de crosse tous ces malfai-
« teurs ! » Alsace s'y conduisit bien, les chassa tous de ce dépôt,
qui fut mis à couvert, et nous parvînmes, avec son secours et
celui de Hesse-Darmstadt, à faire vider tous les étages de l'Hôtel-de-Ville[2]. »

Les choses ne se sont point absolument passées avec autant
de facilité que le vieux général le raconte ici. Il y eut d'abord
quelque hésitation de la part des soldats à croiser la baïon-

1. Hermann, t. 1, p. 198.
2. *Mémoires*, t. I, p. 355-356.

nette, et il fallut que le prince Frédéric-Louis de Hesse leur donnât l'exemple d'avancer pour faire évacuer le bâtiment de la Chambre des contrats[1]. Le premier pas est souvent le plus difficile. Une fois que le colonel de Hesse-Darmstadt eut obtenu de ses grenadiers ce premier effort de discipline, il se hasarde à pénétrer dans l'Hôtel-de-Ville par une porte de derrière donnant sur la rue de l'Épine, et comme les interlocuteurs bourgeois de Rochambeau le lui avaient prédit, l'opération du nettoyage des locaux dévastés se fit sans la moindre résistance de la part des émeutiers. On chassa successivement des salles, des bureaux et des caves tous ceux qui n'étaient pas ivres-morts ; les chasseurs de Royal-Alsace assurèrent, de leur côté, la sécurité des locaux de la chancellerie, et, comme le raconte Hermann, « la jonction des deux détachements d'Alsace et de Darmstadt se fit sur l'arcade qui réunissait alors, d'un côté de la rue des Serruriers à l'autre, les deux corps de bâtiment ». « Jamais », ajoute le futur maire de Strasbourg, « révoltés n'avaient été plus dociles ; on leur criait de cesser, ils cessaient ; de partir, ils partaient. Poussés par une cinquantaine d'hommes de la troupe de ligne vers l'issue de l'Hôtel-de-Ville, ils s'y poussaient encore plus d'eux-mêmes. L'ordre fut rétabli dès que quelques-uns tentèrent de le ramener[2]. »

C'est ainsi que se termina, à peu près sans effusion de sang, cette journée révolutionnaire, si pleine de tumulte et de bruit, qui visait la destruction de l'ancienne constitution de Strasbourg et qui atteignit son but, bien que les *acteurs publics* de ce drame n'aient certes pas médité d'avance ce rôle de *justiciers politiques* que leur firent jouer des instigateurs assez habiles pour rester inconnus.

1. Un forgeron qu'on y surprit à forcer une des armoires à grands coups de marteau osa demander de quel droit on venait interrompre sa besogne. Il obéit à la vue des baïonnettes ; mais quand le pauvre voulut sortir par l'ouverture qu'il avait taillée dans la porte et par laquelle il avait réussi à passer dans un moment d'exaltation, elle se trouva trop étroite et il fallut l'élargir. Hermann, t. I, p. 199.

2. Hermann, t. I, p. 199. Cependant même ces soldats des régiments étrangers n'étaient pas absolument soumis à la discipline à laquelle se refusaient trop souvent alors les régiments français. C'est un soldat de Royal-Darmstadt qui, au dire de Hermann, opposa quelque résistance et menaça même de sa baïonnette un défenseur de l'ordre, étant « placé en faction et éloigné de la vue de ses officiers ». Un petit fait de ce genre en dit long sur les difficultés qu'éprouvaient officiers et généraux à se faire obéir de leurs troupes.

Nous avons suivi tout naturellement jusqu'ici l'action principale qui se déroulait autour de l'Hôtel-de-Ville. Mais le mouvement du 21 juillet ne s'épuisa pas dans l'attaque contre cet édifice. Une autre bande de furieux s'était portée vers le quartier du Finckwiller où se trouvaient les écuries de la ville libre, le *Herrenstall*; ils emmenèrent les chevaux, enlevèrent les carrosses de gala du Magistrat, déchiquetant les harnais; ils jetèrent l'un de ces chars richement dorés dans l'Ill, près du pont Saint-Thomas, puis, ayant traîné les autres jusqu'à la place d'Armes, ils les brisèrent « en millions de morceaux » et y mirent le feu[1]. D'autres émeutiers essayèrent de s'emparer du bureau de la taille, de la *Tour-aux-pfennings*[2], mais ils furent facilement repoussés par un officier énergique, M. de Ruttenberg, Livonien d'origine, auquel on avait confié la défense de ce poste[3]. Une troupe nombreuse se dirigea vers le quai des Bateliers, où demeurait un membre du Conseil des Quinze, Mathias-Ambroise Mogg, « magistrat intègre et éclairé, auquel le public n'avait jamais fait aucun reproche[4] », mais dont le père avait été avocat général de la ville libre et avait dû s'occuper comme tel de dénoncer les malversations du préteur royal François-Joseph de Klinglin, le grand-père du commandant. « Les bandits d'outre-Rhin », ivres presque tous, mirent à sac la maison du pauvre conseiller et jetèrent à la rivière tous ses meubles et « une bibliothèque choisie[5] ». Lui-même put se sauver, à grand'peine, à Kehl avec les siens. Les maisons de campagne de quelques autres membres du Magistrat furent également dévastées[6].

1. Récit de G. Harthmann et des *Révolutions d'Alsace*. — Les troupes réunies sur la place applaudirent à cet autodafé.

2. Le *Pfennigthurm* authentique, le Trésor public de la vieille ville libre, qui se trouvait près de la place d'Armes, avait été démoli complètement au cours du xviiie siècle, mais le nom avait été conservé par l'usage populaire au local en question.

3. M. de Ruttenberg fut plus tard, pendant quelque temps, commandant de la garde nationale strasbourgeoise. Il fut rappelé en Russie par Catherine II au début des guerres de la Révolution.

4. Le rapport des représentants dit également de Mogg, en parlant de ce saccagement « barbare », qu'il était un « magistrat intègre trop attaché (au moment présent) à la lettre de l'ancienne constitution » (Reuss, *op. cit.*, t. I, p. 132).

5. Hermann, *loc. cit.*

6. C'étaient celles de F.-Jacques Flach et de F.-Louis Treitlinger, membres de la Chambre des Quinze; elles étaient situées pourtant assez loin de la ville,

D'autres victimes encore étaient désignées d'avance par la rumeur publique; du moins Rochambeau nous affirme qu'il apprit, le jour même, « qu'il y avait *trente-six* maisons de magistrats marquées pour le pillage et surtout celles de la Chambre des Quinze[1] ». Il assure avoir envoyé sur-le-champ des troupes pour les mettre à couvert, avec ordre de « présenter la baïonnette à quiconque voudrait en forcer l'entrée[2] ». Mais il avoue lui-même que les soldats « agissaient mollement ». Ils chassaient les brigands devant eux, mais ne les arrêtaient pas, et il explique le fait en disant que « tout le monde se promenait dans les rues et que la cavalerie ne pouvait charger ces troupes de brigands sans courir le risque d'écraser d'honnêtes citoyens. Cette situation dura jusqu'à près de minuit; tous les citoyens étant alors rentrés chez eux, il ne resta plus dans les rues et les cabarets que ces bandes de brigands. Les charges de cavalerie en ramassèrent beaucoup chargés de pillage; la garnison harassée s'anima et on arrêta quatre cents de ces malfaiteurs. Nous restâmes, avec les troupes sous les armes, jusqu'à sept heures du matin[3]; enfin, après avoir doublé les gardes et les patrouilles, les troupes rentrèrent dans leurs quartiers[4] ».

VI.

Les journées du 22 au 30 juillet.

« Tirons le rideau sur ces scènes affreuses », dit le rapport adressé par les représentants de la bourgeoisie aux députés de Strasbourg. « Nous eumes la satisfaction très triste, mais tou-

devant la porte de l'Hôpital et la porte Nationale; mais la haine populaire contre ce Conseil particulièrement détesté ne recula pas devant cette promenade dévastatrice.

1. *Mémoires*, t. I, p. 354. Les *Révolutions d'Alsace* racontent que des maisons de boulangers furent pillées et qu'on « mit le feu à plusieurs de celles des trésoriers ». Mais je n'ai point trouvé d'autre affirmation de la réalité de ce dernier méfait.

2. Cela n'empêcha pas, cependant, au dire de Harthmann, que plusieurs membres du Magistrat qui, se sentant menacés, avaient mis leur mobilier à l'abri, ne vissent leurs vitres cassées et même leurs portes enfoncées.

3. Les bourgeois, eux non plus, n'osèrent aller se coucher, dit Harthmann, « car on s'attendait à voir des incendies éclater partout, et c'est ainsi qu'une nuit pleine d'anxiété fit suite à cette journée terrible ».

4. *Mémoires*, t. I, p. 355.

                    ROD. REUSS.

jours sensible à nos cœurs, d'apprendre le lendemain que les militaires généreux, *qui avaient vu d'un œil humide et baigné de larmes cette dévastation affreuse qu'ils n'avaient aucun ordre d'empêcher, frémirent quand ils purent s'éclaircir que la bourgeoisie n'avait pas trempé dans cet affreux complot*, qu'elle avait reçu une satisfaction entière du Magistrat et que tous les bruits de rétractation étaient controuvés. M. le comte de Rochambeau, témoin de la douleur des bons citoyens, attendri de leur désespoir de voir dispersé et profané un dépôt si respectable, *s'abandonna à la confiance et ne mit plus aucun obstacle à l'armement des citoyens*. Il eut lieu, avec ardeur et passion, dans la matinée même » (du 22 juillet)[1]. Il est vrai que la milice ainsi constituée ne pouvait guère donner de l'ombrage à l'autorité militaire, puisque Rochambeau nous informe que cet armement consista simplement en « cinq cents hallebardes et douze cents sabres de l'arsenal », sans une seule arme à feu[2]. Cela suffit néanmoins pour ramener l'ordre dans la rue et un certain calme dans les esprits[3]. « Le citoyen », continue le rapport, « se mit sur-le-champ à la recherche des coupables et en arrêta près de deux cents, contre lesquels il eut des soupçons fondés. Cette ardeur des propres parents à dénoncer les membres coupables de leur famille a prouvé l'aversion générale contre cette action atroce et détestable. » Pour une raison ou pour une autre, les représentants tenaient évidemment à ce qu'on sût (ou qu'on crût) qu' « aucun citoyen considéré, riche ou pauvre, n'a pu encore être découvert fauteur de cet attentat; quelques hommes de mœurs dissolues, reconnus libertins dès longues années, se trouvent (seuls) dans la liste fatale des coopérants[4] ». Il est permis de douter néanmoins de l'*exactitude absolue* de ces affirmations intéressées, si l'on tient compte des affirmations contraires, également formelles, relevées dans les récits de Young et de Friesé, dans les déclarations de certains

---

1. Reuss, *op. cit.*, t. I, p. 132. On remarquera les effusions sentimentales qui caractérisent le style de l'époque et qui paraissent si ridicules, appliquées aux soldats qui laissèrent tranquillement saccager l'Hôtel-de-Ville.

2. *Mémoires*, t. I, p. 355.

3. M. Eimer montre qu'il connaît fort mal le chiffre de la population du Strasbourg d'alors, en affirmant (p. 87) que la ville compta bientôt *douze mille* citoyens sous les armes. En 1789, Strasbourg comptait à peine de 48,000 à 49,000 âmes.

4. Reuss, *op. cit.*, t. I, p. 132-133.

pillards, arrêtés à Kehl[1], et de certains faits personnels relatifs
à divers individus incriminés dans cette affaire. Je n'entends
point parler ici des meneurs secrets, dont il y aura lieu de s'occuper tantôt; mais nous savons, par exemple, qu'un des élèves
de l'internat de Saint-Guillaume, l'étudiant en théologie Roede-
rer, participait à l'assaut du 21 juillet; il ne fut pas traduit en
justice, pour éviter un scandale, mais on lui donna le *consilium
abeundi*, c'est-à-dire qu'on l'invita péremptoirement à quitter
une carrière pour laquelle il ne semblait pas avoir une voca-
tion bien prononcée[2]. Nous voyons encore un maître tonnelier
nommé Gambs, un brasseur nommé Pick, appartenant à une
vieille famille strasbourgeoise, comparaître devant les juges et
condamnés à des peines infamantes, puis graciés sur l'intervention des députés à l'Assemblée nationale, « à la grande satisfaction de la bourgeoisie » elle-même[3]. Il y eut donc, parmi les
manifestants et les émeutiers, des Strasbourgeois de vieille
souche, mais on doit admettre que le nombre en fut petit et
qu'ils ne jouèrent, en somme, qu'un rôle de comparses.

Les patrouilles, à brassards blancs et cocardes blanches, sans
autre uniforme, furent rapidement organisées. Une légion aca-
démique spéciale se forma pour la protection des bâtiments des
fondations protestantes (Université, collège Saint-Guillaume,
Gymnase, etc.) sous les auspices du professeur en théologie
Laurent Blessig, un des maîtres les plus populaires de l'Université protestante. Non content d'arrêter ceux des émeutiers qui
traînaient encore par les rues et dans les cabarets, on allait cueil-
lir les pillards jusque dans leurs maisons. On avait vu d'ailleurs
à l'œuvre de bons et de mauvais larrons. « D'honnêtes et intelli-
gents citoyens », raconte Friesé, « s'étaient mêlés à la populace
qui envahissait l'Hôtel-de-Ville, non pour voler, mais pour agir
au mieux des intérêts de la cité. Dans cette intention, ils sai-
sirent eux-mêmes de l'argent et autres objets de valeur et les
portèrent chez eux pour les soustraire au pillage. En même

---

1. Eimer, p. 81. — Le correspondant du *Beobachter* parle, lui aussi, de
« citoyens de bonne famille » (p. 102). — L'auteur des *Révolutions d'Alsace* dit
également : « Il parut dans la suite que la bourgeoisie ne s'était rendue que
trop coupable de ce qui était arrivé. »

2. C'est à feu M. Alfred Erichson, le savant directeur de l'Internat théolo-
gique de Saint-Guillaume, que je dois la connaissance de ce fait curieux (cf.
Erichson, *Das theologische Studienstift Collegium Wilhelmitanum, 1544-
1894*, p. 140).

3. Strobel-Engelhardt, t. V, p. 329.

4

temps, ils prenaient bonne note de ceux qui se montraient les plus actifs au déménagement pour les dénoncer ensuite. C'était un vrai plaisir de voir comment ces patrouilles civiques amenaient, les uns après les autres, tous ces malheureux abandonnés par leurs séducteurs et apportant sous le bras les objets volés[1]. » C'est à cette occasion que Friesé constate, parmi eux, la présence de *certains bourgeois de bonne famille qui s'étaient même mis à la tête des assaillants*[2]. Il fut restitué de la sorte une somme de 26,000 livres au trésor public, rien qu'en argent monnayé[3], mais les pertes éprouvées restaient bien plus considérables[4].

Le Magistrat qui siégeait provisoirement à l'Aubette, située sur la place d'Armes, avait ordonné l'ouverture d'une enquête criminelle sommaire contre les perturbateurs dont les plus coupables — ils étaient plus de deux cents[5] — avaient été enfermés dans les vieilles tours des Ponts-Couverts, qui subsistent encore aujourd'hui et servaient alors de prisons civiles et militaires. Pour impressionner davantage l'opinion publique, un gibet avait même été dressé sur la place d'Armes, quoique d'ordinaire les exécutions capitales eussent lieu hors de l'enceinte des murs, vers le Kronenbourg actuel, en sortant par la porte de Saverne. Mais on n'osa pas se montrer trop sévère ; d'abord les accusés étaient trop nombreux pour être tous punis, puis aussi certains des plus compromis étaient trop bien apparentés dans la bourgeoisie locale. Un étranger paya pour tous. Le jeune char-

---

1. Friesé, t. IV, p. 261. Harthmann relate un épisode plutôt comique de ce retour au bercail des objets enlevés durant le pillage ; dans la grande salle des séances des Conseils se trouvaient deux vieilles statues en bois sculpté représentant la Sagesse et la Justice. Cette dernière avait été enlevée par un malheureux qu'on força de charger la déesse sur une charrette et de la conduire à travers la ville jusqu'à l'Aubette (*die Baletenstub*), où l'on interrogeait les prisonniers. Les *Révolutions d'Alsace* racontent au contraire que ladite statue de la Justice fut « brisée en mille morceaux et jetée dans la rue ».

2. C'est précisément le contraire, on le voit, de ce qu'affirmaient les représentants dans leur rapport de fin juillet.

3. Friesé, t. IV, p. 262. Le bon magister estime que les autres dégâts se montèrent à plus de 60,000 livres, mais je crains bien qu'il n'ait pas été suffisamment expert pour évaluer à leur juste valeur des objets d'art et des souvenirs historiques détruits ce jour-là.

4. Les réparations les plus urgentes faites à l'Hôtel-de-Ville occasionnèrent une dépense immédiate de 10,000 livres (Friesé, t. IV, p. 264).

5. Les sources varient quant au chiffre des arrestations. Les unes se contentent de 200 ; d'autres (Harthmann) vont jusqu'à 400. Le correspondant du *Beobachter* prétend qu'il y eut 500 émeutiers et pillards emprisonnés.

pentier mayençais, Chrétien Vollmar, que nous avons vu grimper le premier à l'échelle pour escalader l'Hôtel-de-Ville, avait été saisi, ayant encore dans ses poches soixante louis d'or enlevés à l'une des caisses publiques; il ne pouvait songer à nier; il avait donné le mauvais exemple; il n'était protégé par aucune influence locale[1]. Le Grand Sénat le condamnait à mort le jour même, et dès le lendemain 23, il était pendu, à onze heures du matin, afin de servir d'exemple terrifiant aux perturbateurs futurs[2]. Un second accusé, le maître tonnelier Chistophe Gambs, fut également condamné à mort dans la séance du lundi matin, 27 juillet, tandis que trois autres, dont le brasseur Pick, étaient envoyés aux galères. Mais un incident très significatif se produisit alors; les *tribus* ou corporations de métiers auxquelles appartenaient ces malheureux protestèrent contre une sentence qu'elles jugeaient trop sévère et trop humiliante aussi, sans doute, pour elles-mêmes[3]. Le Magistrat n'osa ratifier ni faire exécuter le jugement; comme il ne se souciait pas non plus de gracier directement de pareils coupables, afin de ne pas encourager les insurrections futures, il se tira d'affaire en envoyant tout de suite la copie de la procédure extraordinaire contre Gambs à Versailles, aux députés de la ville, avec une lettre au ministre,

1. On a de la peine à comprendre que M. Eimer se soit montré assez mauvais psychologue pour prétendre (p. 88) que l'opinion publique se montra tout particulièrement froissée de ce que l'on avait choisi précisément un étranger comme bouc émissaire. C'est assurément le sentiment contraire qui se fit jour, encore qu'il ne fût sans doute ni très généreux ni fort équitable; mais combien humain !

2. Strobel-Engelhardt, d'après les procès-verbaux criminels qui existaient encore avant 1870 (t. V, p. 329).

3. *Ein allgemeines Murren unter den Burgern*, dit le récit de Harthmann. Le narrateur anonyme des *Révolutions d'Alsace* va jusqu'à affirmer que « tonneliers et brasseurs menacèrent de mettre le feu aux quatre coins de la ville si l'on passait outre ». Et il compare méchamment à ce propos la populace de Strasbourg et celle de Paris, qui « a pendu elle-même les camarades coupables de vol ». — D'ailleurs, comme le dit M. Ernest Lehr, dans son *Alsace noble*, t. III, p. 437, « la famille Gambs tenait, par ses nombreuses ramifications, à presque toutes les grandes familles de la bourgeoisie strasbourgeoise ». Un Paul-Godefroi Gambs avait été ammeistre et membre du Conseil des Treize jusqu'à sa mort (1768), une vingtaine d'années auparavant. Sans doute, le condamné appartenait à un rameau dégénéré, mais il n'en était pas moins protégé de ce fait. Quant à Pick, il appartenait également à une famille fort aisée, puisque le brasseur Chrétien Pick figure en 1794 dans le « Compte général de la caisse de la Trésorerie révolutionnaire » (*Livre bleu*, t. II, p. 24) pour une amende de 25,000 livres, alors que la plupart de ses confrères ne sont taxés qu'à 5,000 livres.

« pour lui rendre compte que, d'après le vœu de la bourgeoisie,
il avait suspendu l'exécution de la sentence ». Turckheim et
Schwendt entrèrent avec beaucoup de bonne volonté dans la
situation locale, et bien qu'il n'y eût encore ni garde des sceaux
ni ministre de la Guerre nommés, ils obtinrent de M. de Saint-
Priest, dès le 2 août, une lettre notifiant aux « préteurs et consul du Magistrat de Strasbourg » que « l'intention du Roi est
qu'il soit sursis au jugement rendu contre Gambs ». Aussitôt que
« Sa Majesté aura nommé un garde des sceaux, il prendra ses
ordres sur ce qu'il convient de faire à l'égard des autres particuliers également accusés d'avoir pris part à l'émeute » de Strasbourg, « il vous fera connaître ce qu'Elle aura réglé[1] ». Au
mois de novembre 1789, Louis XVI expédiait des lettres de
grâce pour Christophe Gambs, contresignées La Tour du Pin;
la peine de mort était commuée en un bannissement perpétuel[2],
à la grande satisfaction des représentants de la bourgeoisie[3].

Le Magistrat procéda ensuite à un nouveau triage des délin-
quants; un assez grand nombre des émeutiers incarcérés furent
simplement remis en liberté; ceux qui n'étaient pas régnicoles
furent expulsés au delà de la frontière, vers les pays d'Empire[4].
On expédia également plusieurs charretées de condamnés à la
maison de détention d'Ensisheim, en Haute-Alsace; trois artil-
leurs, compromis gravement dans l'émeute, furent écroués à la
prison militaire; d'autres furent l'objet d'un blâme sévère[5].
Mais, en somme, la première effervescence apaisée, gouvernants
et gouvernés jugèrent plus sage de ne pas s'attarder aux souvenirs douloureux de cette folle journée dont personne n'avait lieu
de se glorifier. Comme l'agitation restait grande pourtant[6], sur-

1. Voir la correspondance des députés et la lettre de Saint-Priest (Reuss,
op. cit., t. I, p. 134-135).

2. Je les ai retrouvées aux archives municipales, fonds FF, procédures,
liasse 1.

3. Cette satisfaction se manifesta dans la séance des représentants du 6 août
(Strobel-Engelhardt, t. V, p. 329). Quant au brasseur Pick, il était encore en
prison le 5 ou le 6 août. La lettre des représentants de la bourgeoisie aux
députés de Strasbourg, du 7 août, en racontant les débuts de l'émeute militaire,
dit de lui : « Une partie de la garnison réclama à grands cris le brasseur Pick.
Ne pouvant résister, il leur fut lâché hier à deux heures » (Reuss, *op. cit.*, t. I,
p. 141).

4. Rapports du bailli de Kehl (Eimer, p. 89). Le gouvernement badois eut
peur un instant qu'il ne se produisît une invasion de bandits et envoya des
troupes à Kehl pour surveiller le passage.

5. Eimer, p. 89.

6. Elle fut jugée assez générale encore pour que l'on s'adressât au clergé afin

tout au point de vue des moyens de subsistance, le Magistrat fit
afficher une nouvelle diminution du prix de la viande et du pain,
s'engageant à payer la différence aux boulangers et aux bouchers. Mais, au bout d'une dizaine de jours, on s'aperçut que la
caisse municipale serait bientôt vide si l'on persistait dans ce
système, et le peuple s'étant un peu calmé dans l'intervalle, on
releva de nouveau le prix des denrées[1].

Les résultats de l'émeute du 21 juillet n'étaient guère satisfai-
sants pour les pouvoirs publics. Le Magistrat, après les concessions qu'il venait de faire, poussé par la nécessité, sentait son
autorité fortement ébranlée, sinon compromise à jamais[2]; les
représentants de la bourgeoisie, qui lui avaient tenu tête jusque-là,
non sans succès, se voyaient tout à coup dépassés, non sans effa-
rement, par les masses populaires; elles ne leur avaient nullement témoigné cette déférence qu'ils réclamaient à leur tour pour
eux-mêmes. Seul le commissaire du roi, M. de Dietrich, sortait
de la crise avec un regain d'influence sur les deux groupes qui,
l'un et l'autre, avaient perdu quelque chose de leur intransigeance. Alors que le Magistrat exprimait sa « vive reconnais-
sance » pour « les efforts persuasifs » de M. le commissaire,
pour son ardeur et son zèle « à ramener tous les esprits à une
pacification heureuse[3] », les représentants de la bourgeoisie
déclaraient, à leur tour, que M. de Dietrich, « en ce moment
critique où l'autorité des magistrats est nulle », agissait seul et
s'exposait à tous les dangers, « pour qu'il y ait un point de ral-
liement où aboutissent les demandes de tous[4] ». Et le 18 août,

de lui demander de la calmer et, dès le 23 juillet, le *Convent ecclésiastique*, la
représentation de l'Église luthérienne de Strasbourg, adressait une longue
Exhortation générale (en allemand) *à toutes les communautés luthériennes
de la province pour les engager au respect des autorités constituées, à
l'obéissance aux lois, à la concorde entre les citoyens* (Strasbourg, 1789,
28 p. in-4°). Nous ne connaissons aucune manifestation imprimée analogue
émanant du clergé catholique.

1. Cette baisse des prix, indiquée pour les détails par Friesé (t. IV, p. 263),
dura tout juste une semaine et coûta 13,000 livres à la caisse de la ville.

2. Surtout par le fait que, dès le 25 juillet, onze des membres du Magistrat
avaient été amenés à démissionner ou à se déposer eux-mêmes, parmi ceux qui,
« par leur obstination, avaient trop irrité la populace », comme l'écrivait le correspondant strasbourgeois du *Beobachter* de Stuttgart (p. 102). « Les magistrats les plus odieux, dit l'auteur des *Révolutions d'Alsace*, comme nos Lam-
besc, Broglie, Vermond, Despremenil, sortent de la ville et se sauvent dans les
pays voisins. »

3. Lettre du Magistrat aux députés, 5 août 1789 (Reuss, *op. cit.*, t. I, p. 137).

4. Lettre des représentants aux députés, 6-7 août 1789 (Reuss, *op. cit.*, t. I, p. 139).

le ministre de la Guerre, le comte de La Tour du Pin, venait joindre son suffrage aux leurs en écrivant à son délégué : « La confiance que vous avez inspirée à la bourgeoisie et au Magistrat est le prix le plus flatteur du patriotisme et des soins par lesquels vous l'avez méritée. On ne pouvait se mieux conduire que vous l'avez fait. Je ne l'ai point laissé ignorer à Sa Majesté et Elle vous sait infiniment gré de votre zèle[1]. »

M. de Dietrich pouvait donc reprendre avec plus de chances de réussite la tâche de conciliateur impartial, d'arbitre supérieur aux partis, tâche, il est vrai, que les nécessités inéluctables du moment allaient transformer en celle de fossoyeur de l'antique constitution de la république de Strasbourg[2].

VII.

Moteurs et motifs de l'émeute.

Après avoir raconté, aussi exactement que possible, les préliminaires et le développement de l'émeute du 21 juillet et le sac de l'Hôtel-de-Ville qui s'en suivit, il nous reste à traiter une question, effleurée plusieurs fois déjà au cours de ce récit, mais réservée pour une discussion plus complète. Les événements que nous avons vus se produire à Strasbourg, du 18 au 21 juillet, furent-ils le résultat naturel des passions populaires du moment ou faut-il chercher, derrière les acteurs visibles de cette tragi-comédie, quelque directeur occulte qui en aurait réglé la mise en scène? Si cette première question devait être tranchée par l'affirmative, quels ont été ces personnages et quels furent les motifs de leur façon d'agir? Trouver une réponse à ces interrogations n'est pas la partie la plus facile de notre tâche; mais ce travail serait trop incomplet si nous n'essayions au moins de la chercher.

Tout d'abord, il ne me semble pas douteux que les manifestations qui ont précédé et accompagné le pillage de l'Hôtel-de-Ville ont été provoquées par des meneurs quelconques et préparées d'avance, encore qu'elles semblent, au premier

1. Lettre de M. de La Tour du Pin à M. de Dietrich, 18 août 1789 (Reuss, *op. cit.*, t. I, p. 152).

2. Nous n'avons plus à raconter la suite des événements, l'émeute militaire du 6-8 août, etc. Le Magistrat, déjà décimé, donna sa démission collective le 12 août 1780, sous l'impression des votes de l'Assemblée nationale du 4 et du 5 août, dont les décrets amenaient la suppression radicale de l'ancien régime et l'avènement d'une société nouvelle.

abord, être la conséquence logique des événements qui se sont produits dans la capitale. Je suis entièrement d'accord sur ce point avec M. Eimer et avec l'immense majorité de tous ceux qui ont étudié, depuis cinq quarts de siècle, cet épisode de notre histoire révolutionnaire. Tout nous amène à reconnaître ce fait : les rumeurs rapportées par les représentants de la bourgeoisie et leurs propres réticences mystérieuses ; les dépositions de témoins oculaires, comme Friesé, Hermann, etc. ; l'apparition subite de nombreux vagabonds et de personnes suspectes à Strasbourg ; l'attente d'un événement surprenant et « agréable au corps des officiers de la garnison », que nous révèlent les *Mémoires* de Dampmartin ; l'abandon simultané des chantiers à l'intérieur de la ville et hors des murs par les artisans qui, obéissant à un mot d'ordre évident, se dirigent, à heure fixe, vers l'Hôtel-de-Ville ; les billets distribués à la foule pour l'inviter à l'assaut ; l'attitude des pillards eux-mêmes, dont beaucoup travaillent à la dévastation de l'immeuble avec un calme qui avait frappé le jour même un des spectateurs, Jean-Frédéric Hermann. Je ne crois donc pas qu'il soit nécessaire d'insister sur ce point ; il me semble acquis à l'histoire.

Mais quels furent ces meneurs secrets assez influents pour amener une pareille révolte et réussissant pourtant à rester inconnus, soit qu'on n'ait pas *su* les découvrir, soit qu'on n'ait pas *osé* les rechercher ? Là-dessus les avis diffèrent, aujourd'hui comme il y a cent ans, et tandis que les uns s'en tiennent à des indications très vagues, d'autres nomment des personnalités précises, qu'ils cherchent dans des directions très différentes. Un travailleur consciencieux, Frédéric Piton, l'auteur de *Strasbourg illustré*, écrivait, en 1855, qu'il fallait « *accuser le gouvernement lui-même... de l'avoir provoquée (l'émeute) sourdement par ses agents*. N'a-t-il pas pu chercher, en voyant l'énergie avec laquelle l'Assemblée nationale commençait à saper les fondements de l'ancien régime, à profiter de l'enthousiasme qui s'était emparé du peuple français... pour anéantir les privilèges de la seule ville qui, aux portes de la France..., était restée allemande par ses institutions[1] » ? De quel gouvernement entendait parler l'auteur ? Évidemment pas de celui de la ville libre royale de Strasbourg, du Magistrat, qui n'avait aucune envie

---

1. F. Piton, *Strasbourg illustré*, t. I, p. 190-192. Au fond, il n'y a là qu'une paraphrase du vieux Friesé (t. IV, p. 261).

de se suicider. Ce ne pouvait donc être (si tant est que Frédéric Piton se soit fait une idée bien claire à ce sujet) que le gouvernement central, le *gouvernement français*. Assurément, dans les dernières années de l'ancien régime, on avait songé à Versailles à opérer des modifications dans la vieille constitution strasbourgeoise qu'on trouvait encore trop républicaine. Le « fonds du préteur » aux archives municipales en renferme la preuve. Mais ce n'est pas au moment où le gouvernement de Louis XVI était sapé lui-même dans ses fondements, pour employer la métaphore de l'auteur que je viens de citer, qu'il pouvait songer à opérer ailleurs un coup d'État. D'ailleurs, eût-il été de force à l'entreprendre, il n'aurait pu agir que par ses représentants civils ou militaires : M. de La Galaizière, l'intendant; M. de Dietrich, commissaire du roi; M. de Rochambeau, commandant de la province; M. de Klinglin, lieutenant du roi à Strasbourg. De ces quatre personnages, quelques-uns n'ont jamais été soupçonnés d'avoir trempé dans l'affaire, tandis que d'autres ont été dénoncés, presque au moment même, à la vindicte publique, mais comme *acteurs autonomes*, si je puis dire, dans le drame du 21 juillet, et nullement comme *agents dociles d'un pouvoir supérieur*.

En effet, l'intendant d'Alsace, M. de Chaumont de La Galaizière, ne paraît nulle part dans nos sources; il est probable qu'il ne se trouvait pas à Strasbourg durant cette fatidique quinzaine du 17 au 31 juillet[1]. En tout cas, il est hors de cause dans l'affaire qui nous occupe. Pour Rochambeau, j'estime qu'on doit arriver à la même conclusion. Sans doute, l'incroyable et coupable inaction de la garnison est due avant tout à son rare manque d'énergie, motivé peut-être par un manque absolu de confiance en ses troupes. Craignait-il une émeute militaire, comme celle qui éclata trois semaines plus tard? Eut-il peur, s'il combattait le « peuple », d'être emprisonné comme Besenval ou même massacré comme Launay? Si pourtant il avait donné l'ordre de charger la canaille, M. de Klinglin aurait-il osé refuser d'obéir? Cet ordre, Rochambeau ne l'a pas donné, du moins pas quand il aurait pu encore être utile[2]. Mais à part cette fai-

---

1. L'*Annuaire de France* de 1789 porte : Intendance d'Alsace, Chaumont de La Galaizière, à Paris, rue Richelieu.

2. Il n'y a guère à noter qu'une opinion dissidente, celle de M. Scinguerlet qui, dans son livre *Strasbourg pendant la Révolution* (Paris, Berger-Levrault,

blesse, aucun contemporain n'a songé à incriminer le commandant militaire de la province, au point de vue de la loyauté de
son attitude; personne, plus tard, ne lui a jamais imputé des
arrière-pensées odieuses, et son propre récit des événements,
s'il laisse deviner ses hésitations et ses faiblesses, exclut pourtant toute idée de connivence avec les émeutiers.

On peut écarter également, ce me semble, l'interprétation des
événements donnée, bien qu'à titre d'hypothèse seulement, dans
le travail de M. Eimer; il y considère le mouvement comme
ayant été en partie confessionnel, en partie nationaliste, étant
dirigé par les *habitants* catholiques d'origine française contre la
bourgeoisie protestante alsacienne. Il nous fait remarquer avec
insistance que ce sont surtout des magistrats protestants, les
Lemp, Mogg, Treitlinger, Flach, etc., qui ont été maltraités ou
dont les immeubles ont été saccagés. On devrait admettre, selon
lui, que les immigrés français, non habitués à la tutelle du
Magistrat allemand, « furent, en dernière ligne, les adversaires
et figurèrent à l'arrière-plan de l'émeute ». Cela expliquerait également l'attitude des soldats et des *manants* où se trouvaient en
majorité des Français[1]. On peut répondre à cela, tout d'abord
que Lemp, Mogg et consorts n'ont pas attiré sur eux la colère
populaire parce qu'ils étaient luthériens, mais comme membres
influents de la Chambre des Quinze; on peut dire ensuite qu'il
n'est nullement établi que la majorité des gens de *manance*
aient été des immigrés de l'intérieur[2]. On doit faire observer
surtout que le groupe des *habitants* immigrés d'ancienne ou de
fraîche date[3], s'il était peu sympathique aux privilèges exorbi-
tants du Magistrat et à ceux des *bourgeois*, n'étaient pas gens à

1885, in-8°, p. 28), loue vivement le futur maréchal « d'avoir évité d'aliéner à son
gouvernement les sympathies des masses » en prenant en main la défense d'une
oligarchie méprisée et détestée. Aussi se garde-t-il « avec grand soin de se
mêler à ces dissensions intestines et n'intervint-il qu'au moment où le mouvement populaire avait accompli son œuvre ». C'est prêter, ce me semble, un
machiavélisme bien invraisemblable au vainqueur de Yorktown.

1. Eimer, p. 83-84.

2. C'étaient de très petites gens, immigrés des campagnes d'Alsace et géné-
ralement trop pauvres pour payer les droits de bourgeoisie, qu'il n'était pas
facile d'obtenir d'ailleurs, même en les payant, le Magistrat ne voulant pas d'un
prolétariat urbain.

3. J'entends par là le groupe des Pasquay, Noisette, Massenet, Thomassin,
Mayno, etc., tous personnages ayant joué plus tard un certain rôle dans la politique locale.

pousser la racaille à saccager l'Hôtel-de-Ville; qu'ils avaient déjà obtenu, en avril, le droit de vote aux élections générales et qu'ils pouvaient compter, en toute assurance, sur un triomphe complet prochain, grâce aux tendances égalitaires de l'Assemblée nationale désormais toute-puissante. La question religieuse a joué, sans conteste, un grand rôle dans certaines crises de l'histoire de la Révolution à Strasbourg; mais je ne vois pas qu'il soit nécessaire ni même indiqué de l'introduire comme un des facteurs dans la catastrophe du 21 juillet 1789[1].

Je ferai la même remarque au sujet *des représentants de la bourgeoisie*, des électeurs du second degré, que certains pamphlets réactionnaires du temps ont vaguement incriminés comme complices de M. de Dietrich, le principal coupable dénoncé par eux. Il suffit de rappeler que leurs revendications avaient été admises en bloc; qu'ils avaient partie gagnée, au moment du sac de la Maison commune; qu'ils étaient trop intéressés à ce que leur succès restât pur de tout excès pour mettre en train des violences inutiles. D'ailleurs, depuis qu'on a mis au jour leur rapport aux députés de Strasbourg, rapport où ils disent leurs inquiétudes, leur indignation, leurs regrets, il est absurde de les impliquer dans l'affaire, à moins qu'on ne soit décidé à les traiter de comédiens méprisables et d'indignes menteurs.

1. Je dois cependant signaler le passage final de la brochure *Révolutions d'Alsace*, où se marque un certain antagonisme, à la fois nationaliste et religieux, contre le Strasbourg d'antan; je le cite comme un document, dont il est difficile d'apprécier la valeur, puisque nous ignorons quel en fut le rédacteur et s'il représenté une fraction plus considérable de l'opinion publique. « Il faut espérer », dit-il, « qu'avec les restes d'un gouvernement soi-disant républicain, et propre tout au plus à quelque ville impériale de la Forêt-Noire, disparaissent aussi les ridicules différences entre les habillemens, les mœurs et les caractères des deux nations qui habitent la ville. Il paraît incroyable, mais il est vrai que les anciens habitans, loin de se rapprocher des Français, avec qui ils sont unis depuis cent ans, ont au contraire toujours eu en horreur leur religion, leur caractère et leurs coutumes et *qu'ils ont réussi enfin à s'en écarter au point de devenir plus Allemands qu'on ne l'a jamais été dans l'Allemagne même*. Il est à souhaiter que, quand une fois le nom sacré de la Nation les aura réunis, ils les regarderont comme des frères, et quand *on demandera alors de quelle nation sont la plupart des protestans qui composent la bourgeoisie de Strasbourg, on ne sera plus obligé de répondre, comme jusqu'ici, que ce sont des Allemands du XVᵉ siècle*. » — Évidemment, le publiciste qui se laissait aller à des affirmations aussi erronées que celles que nous soulignons était à la fois un adversaire de l'ancienne constitution strasbourgeoise et de la Réforme qu'il semble avancer d'ailleurs ingénûment de tout un siècle; mais y a-t-il là l'expression d'une antipathie personnelle ou serait-il l'écho d'un groupe de concitoyens?

En réalité, c'est aux noms de deux personnages seulement (personnages qui jouèrent tous deux, en effet, un rôle important dans cette avant-dernière semaine de juillet) que les traditions locales et la haine des partis rattachent, de vieille date, la responsabilité de la révolution strasbourgeoise. Les pamphlétaires de la contre-révolution ont accusé M. de Dietrich, commissaire du roi, d'avoir été l'instigateur des attaques contre le Magistrat, alors qu'il aurait dû, en vertu de son office même, en être le défenseur attitré. Dans une brochure allemande, publiée dès 1791, anonyme naturellement et sans indication de lieu d'impression, intitulée *la Bande de brigands*[1], et rédigée évidemment par un partisan fanatique de l'ancien état de choses, Dietrich est inculpé d'avoir voulu ruiner la ville de Strasbourg, détruire sa constitution et ses privilèges et d'avoir excité les citoyens les uns contre les autres, au lieu de réconcilier le Magistrat et les bourgeois dans l'intérêt du Roi. L'auteur lui reproche d'avoir acheté dans ce dessein le concours de certains mauvais citoyens ; mais tout cela reste absolument dans le vague, et si les accusations sont formulées en termes violents, elles demeurent imprécises. Dans une autre pièce analogue, française celle-là, *les Réflexions sur la conjuration découverte à Bruxelles*[2], qui est de février 1792, il est dit, plus expressément, du maire de Strasbourg : « C'est lui seul qui a toujours porté le trouble dans cette ville par ses divers agents et manœuvres ; *depuis le pillage de l'Hôtel-de-Ville, qui fut son ouvrage*, c'est lui qui a toujours crié : Au feu, au meurtre, etc. [3] »

Mais c'est surtout dans le volumineux pamphlet de Jean-Baptiste Schérer, *l'Abomination de la désolation*[4], déjà mentionné dans l'énumération de nos sources, que nous trouvons le réquisitoire le plus véhément et le plus complet contre l'ex-maire de Strasbourg, rédigé alors que destitué, toujours prisonnier, malgré un premier acquittement par le jury de Besançon, il attendait à l'Abbaye la sentence de mort du tribunal révolutionnaire

---

1. *Die Raeuberbande*, sans date, [1791,] in-8°. *La Bande de brigands*, c'est l'Assemblée nationale.

2. Sans lieu ni date, 1 feuille in-4°. Ces *Réflexions* sont adressées aux « insensés Strasbourgeois ».

3. On en trouve des extraits dans Heitz, *Contre-Révolution en Alsace*, p. 272.

4. *Graeuel der Verwüstung oder Blicke*, etc., *von einem biedern Elsaesser S.*, Deutschland, 1793, 220 p., in-18.

de Paris. Le petit livre de Schérer est un véritable modèle de polémique venimeuse, où les calomnies sont prodiguées à tous les ascendants de Dietrich, à son ancêtre, l'ammeistre Dominique, dénoncé comme ayant vendu Strasbourg à Louis XIV[1], à son père, le baron Jean, dépeint comme un banquier véreux, intrigant sans scrupules, au maire lui-même. On nous décrit celui-ci travaillant par ses créatures, l'avocat général Fischer, le boucher Henri Weiler et autres, à persuader à la foule stupide qu'elle va vivre, affranchie de tout impôt, dans un vrai pays de cocagne (p. 42); on le montre achetant à prix d'or « les misérables journalistes Saltzmann, Ulrich, Simon, Meyer, Laveaux[2], gens qui en scélératesse dépassent le diable », pour qu'ils excitent le peuple contre le Magistrat et le Magistrat contre le peuple (p. 48). C'est lui qui a entretenu l'insubordination des troupes de ligne, leur faisant indiquer, par ses affidés, les auberges et les brasseries où on leur donnerait à boire gratis; mêmement on leur y distribuait de l'argent des caisses publiques (p. 49). C'est encore lui qui a organisé et fait exécuter[3] le pillage des maisons de ville de Lemp et de Mogg, ainsi que des maisons de campagne de Treitlinger et de Flach (p. 49). C'est lui qui, par ses chiens couchants, a poussé les représentants de la bourgeoisie à sommer le Magistrat d'accepter en bloc le Cahier de doléances; c'est lui *qui a nourri le plan diabolique de faire dévaster l'Hôtel-de-Ville, pour démontrer combien peu les citoyens étaient satisfaits de leur ancien gouvernement* (p. 52), alors que quelques cartouches, tirées à blanc, eussent suffi à chasser les émeutiers. « M. de Klinglin est bien venu avec quelques cavaliers et a invectivé les gens, mais par suite d'ordres secrets de M. de Dietrich, il dut se rendre avec ses hommes aux bâtiments de la Douane et abandonner l'Hôtel-de-Ville à son triste sort » (p. 54). Enfin, c'est encore lui qui, après l'exécution d'un pauvre *étranger, fit relâcher tous les autres coquins* (afin, sans doute, que ces instruments passifs de sa haine ne le dénon-

1. Calomnie depuis longtemps réfutée qui permet de juger du degré de véracité des accusations portées contre le petit-fils et l'arrière-petit-fils du vieil ammeistre si cruellement traité par Louis XIV pour n'avoir point voulu abjurer sa foi.

2. Il faut noter que ces journalistes, « achetés » par Dietrich, se combattaient âprement entre eux; certains, comme Laveaux, n'étaient pas encore à Strasbourg en 1789!

3. *Angesponnen und ausgeführt*, dit le texte allemand.

çassent point), et, grâce à ses complices, il parvint à arrêter toutes les recherches ultérieures sur l'attentat (p. 55).

Ce sont là des affirmations très précises en apparence, mais qui ne s'appuient d'aucun témoignage digne de foi, d'aucun document sérieux, et les inexactitudes, les contre-vérités, les mensonges patents que nous rencontrons dans l'opuscule de Schérer nous autorisent à ne tenir aucun compte des allégations de l'émigré strasbourgeois, puisqu'il n'en administre aucune preuve. Nous avons vu, au cours de notre récit, quelle fut l'attitude de Dietrich; nous avons dit que le nouveau commissaire du roi, ambitieux autant qu'habile et très désireux de popularité, n'avait point fait, évidemment, de très grands efforts pour protéger l'omnipotence du Magistrat contre les revendications populaires[1]. Mais nous le savons assez homme de gouvernement, assez ferme dans ses idées (il l'a suffisamment montré dans les bons comme dans les mauvais jours) pour ne pas pactiser avec l'émeute, et moins encore pour l'organiser lui-même. Comme il savait que le gros de la bourgeoisie serait indigné de l'attentat et qu'il voulait s'appuyer sur elle, comment aurait-il été assez stupide (la question morale mise absolument à part) pour agir de la sorte? Mais il ne faut jamais oublier, quand on s'occupe de l'histoire de Frédéric de Dietrich, qu'il eut la malchance incroyable d'être successivement l'adversaire et la *bête noire* des réactionnaires vaincus et des jacobins vainqueurs. Les uns et les autres l'ont poursuivi, non seulement de leur haine, mais de leurs calomnies jusqu'au delà de l'échafaud. Il n'est pas d'accusation portée contre lui qui n'ait semblé croyable à l'un ou à l'autre de ses ennemis; ils lui ont attribué l'envoi d'assassins contre le cardinal de Rohan et contre Frédéric-Guillaume II de Prusse; ils l'ont incriminé d'avoir vendu Strasbourg, au même roi de Prusse, pour une somme de cinq millions. Nous nous croyons donc en droit de conclure *qu'aucune preuve* et même *aucun indice sérieux* ne permettent de porter au compte de Dietrich la *responsabilité matérielle ou morale* du pillage de l'Hôtel-de-Ville.

1. Je ne veux point dire par là qu'il a négligé ses devoirs officiels vis-à-vis d'une autorité dont lui-même faisait *nominalement* partie; mais il me semble certain qu'il n'a pas été bien profondément ému de la chute du Magistrat. D'ailleurs, il ne faut pas oublier que le commissaire du roi ne disposait d'aucune force matérielle, n'ayant pas le droit de requérir les troupes royales.

Il reste donc, comme seul personnage de la tragi-comédie d'alors, dont l'attitude générale et les actes invitent en effet à un examen sérieux, le maréchal de camp, baron François-Joseph-Louis de Klinglin, lieutenant du roi à Strasbourg. C'est contre lui que de bonne heure fut dirigée l'accusation formelle d'avoir été l'instigateur principal des troubles. Dans un discours prononcé le jour de la fête du 14 juillet 1791 par le procureur de la commune, Xavier Levrault[1], l'orateur officiel disait, en parlant des événements de l'année 1789 : « Le seul excès sur lequel nous ayons [eu] à gémir dans une ville exposée à tant de divisions politiques ou sacrées[2] doit être regardé comme le crime du despotisme militaire, comme l'attentat de celui qui, ayant pu et dû le réprimer, semblait s'exercer par cette perfidie à déchirer un jour le sein de la grande patrie par une trahison plus éclatante mais non plus exécrable[3]. » Et en note, pour qu'on sût bien de qui il était question, l'orateur rappelait aux citoyens de Strasbourg le nom du général félon.

Deux ans plus tard, en 1793, Friesé s'exprimait de la façon suivante sur le sac de l'Hôtel-de-Ville : « L'intransigeance des deux côtés augmenta la haine des partis et occasionna ces scènes dont le souvenir désole encore aujourd'hui le cœur de tous les bons citoyens. L'historien qui en a été témoin peut bien relater tout ce qu'il a vu et entendu, *mais il n'a pu arriver, malgré toutes ses recherches, à connaître les meneurs, en partie cachés, de cette clique de rebelles, ni les moyens secrets qu'ils employèrent pour atteindre leur but. Pourtant, il est certain que le pillage et la dévastation de l'Hôtel-de-Ville doit principalement être attribué au traître Klinglin,* alors lieutenant du roi à Strasbourg, et représentant des « manants », ainsi qu'à quelques autres notables[4] de la ville. Plusieurs personnes ont connu ce projet avant qu'il n'ait été exécuté. Peut-être l'avenir dévoilera-t-il certaines choses qui

1. Sans doute, Xavier Levrault était le partisan prononcé de Dietrich, mais c'était un personnage de tendances très modérées, un parfait honnête homme; le futur recteur de l'Académie de Strasbourg sous Louis XVIII n'aurait pas parlé ainsi d'un adversaire s'il n'avait été convaincu de sa culpabilité.

2. Levrault employait ce mot dans le sens de « religieuses ».

3. *Discours prononcés à la prestation du serment, etc.* Strasbourg, Dannbach, 1791, in-8°, p. 10.

4. Le texte allemand dit *andre Grosse.* Friesé croyait donc à l'existence de complices haut placés.

sont très obscures. Il est fort étrange qu'il n'existe aucun document officiel sur cette curieuse journée ; les procès-verbaux (des Conseils) n'en soufflent mot et la copie de la lettre écrite à ce sujet à nos députés n'a pu être retrouvée aux Archives[1]. » Le bon magister avoue franchement, on le voit, qu'il n'est pas documenté ; mais cela n'empêche pas qu'il soit persuadé de la culpabilité du lieutenant du roi. Un peu plus loin, il interrompt son récit pour affirmer que les préparatifs militaires pris n'avaient « nullement pour but de disperser les masses furieuses, *mais de couvrir le pillage projeté de l'Hôtel-de-Ville et d'empêcher les bons citoyens de s'y opposer*, ce qui serait arrivé infailliblement si l'on n'avait pris ces mesures et mis toute la garnison sous les armes. Klinglin, l'honnête homme, l'ami du peuple, criait à la foule : « Enfants, faites ce « que vous voudrez, seulement ne mettez pas le feu ! » Honnêteté relative d'un individu devenu peu après traître à la patrie et qui maintenant serait trop content de pouvoir dévaster la France entière par le fer et le feu[2]. » Friesé ajoute encore que, le lendemain du 21 juillet, l'abbé de Klinglin, frère du lieutenant du roi, vint aux archives de la ville et demanda qu'au cas où les pièces du procès de son père (et grand-père) s'y trouvassent encore, elles lui fussent délivrées. « C'est ce que raconte l'archiviste d'alors[3], qui lui répondit qu'il ignorait si ces documents se trouvaient, ou non, dans son dépôt, mais qu'en tout cas il ne lui serait pas possible de les extrader ; que l'abbé devait adresser sa requête au Magistrat[4]. » Nous aurions donc là, si je puis dire, la clef du secret, la raison pour laquelle le pillage des archives devait accompagner celui de l'Hôtel-de-Ville : « Sans doute, lui (Klinglin) et d'autres notables de la cité[5] ont encore eu d'autres motifs d'agir, car il n'est pas niable que notre constitution de ville libre devait être un crève-cœur[6] pour la cour et sa clique ; mais certainement M. le baron de Klinglin s'intéressait surtout à l'honneur de son auguste famille, qui était flétrie à jamais par ces pièces judiciaires dont il souhaitait si vivement la destruction. »

1. Friesé, t. IV, p. 247-251. Il s'agit du rapport si souvent cité par nous.
2. Friesé, t. IV, p. 257.
3. L'archiviste de 1789 s'appelait Jean-Daniel Ehrlen.
4. Friesé, t. IV, p. 260.
5. Le texte allemand porte : *andere Grosse der Stadt.*
6. Texte allemand : *ein Dorn im Auge.*

Cette dernière anecdote de Friese peut sembler à bon droit sujette à caution. On a de la peine à se figurer cet abbé grand seigneur, venant réclamer audacieusement un dossier judiciaire sur lequel il n'a aucun droit; on ne comprend surtout pas que lui et le maréchal de camp, son frère, aient pu s'imaginer qu'ils effaceraient toute trace des malversations de leurs ascendants en faisant disparaître ces documents. « Ces pièces de la procédure contre le préteur Klinglin, réclamées le lendemain », dit J.-F. Hermann, « étaient aux Archives du parlement de Grenoble qui, quarante années auparavant, avait instruit le procès[1]. » Le baron lui-même s'est servi, paraît-il, de cet argument pour réfuter les incriminations dirigées, dès le début, contre lui et qu'appuyait la déclaration catégorique du fonctionnaire préposé à la garde des archives de la ville. Engelhardt écrivait en 1846 : « On sait que dans l'opinion de beaucoup de contemporains et de plusieurs personnes encore vivantes aujourd'hui, M. de Klinglin... fut l'instigateur secret du sac de l'Hôtel-de-Ville, puisqu'il voulait profiter de l'excitation des esprits... pour faire détruire les dossiers relatifs au procès intenté au préteur défunt qui, selon lui, devaient se trouver aux archives... *M. de Klinglin a essayé depuis, en différents écrits, à se décharger de cette inculpation, en disant qu'il savait fort bien que les dossiers relatifs à son père ne se trouvaient pas à Strasbourg, mais à Besançon; il affirme n'avoir jamais agi que d'après des ordres supérieurs[2].* » Personne ne connaît actuellement ces « différents écrits » dont parle Engelhardt; je les ai cherchés vainement partout où il y avait quelque chance de les retrouver, depuis que je me suis occupé pour la première fois du sac de l'Hôtel-de-Ville de Strasbourg, il y a bientôt quarante ans[3]. Il m'est donc impossible de juger de la valeur probante des apologies de Klinglin. Le continuateur de Strobel, plus heureux, les avait vues sans doute, puisqu'il en parle, et je dois donc ajouter, en rapporteur fidèle, qu'il termine son exposé par ces mots qui laisseraient la question de la culpabilité de Klinglin en suspens : « Bien que l'attitude louche du baron semble confirmer l'accusation, *il n'y a pourtant pas de motifs suffisants pour la considérer comme entièrement établie.* »

1. *Notices*, t. I, p. 110.
2. Strobel-Engelhardt, t. V, p. 323.
3. Elles ont sans doute péri, comme tant d'autres pièces uniques, dans l'incendie de nos bibliothèques, lors du bombardement de 1870.

C'est là, je crois, l'extrême concession que l'on puisse faire, si l'on veut obéir au devoir d'une critique impartiale et prudente, mais ne se payant pas de mots. Qu'on se remémore les querelles personnelles du lieutenant du roi avec le Magistrat au cours de l'année 1788; qu'on étudie son attitude si peu franche d'avril à juillet 1789; qu'on se rappelle ses paroles et ses gestes au cours de la crise elle-même, où le démagogue et l'officier général se mêlent d'une façon si singulière que non seulement la bourgeoisie, mais ses propres collègues en conçoivent des soupçons[1]. Ajoutons à cela les détails que nous fournit Dampmartin sur un banquet offert par Klinglin aux officiers de la garnison, banquet où l'on a fait des allusions mystérieuses à une prise d'armes pour le lendemain qui mènerait à bonne fin une entreprise « très agréable aux bons Français[2] ». Tenons compte de la déposition de cet émeutier, pris à Kehl, qui raconte avoir été poussé par un officier de Royal-Cavalerie à casser les vitres de l'Hôtel-de-Ville[3]; de cette réponse d'un autre officier à un bourgeois qui le suppliait d'arrêter le pillage : « J'ai l'ordre de ne rien entreprendre[4]! » Tous ces menus détails, réunis et groupés, s'éclairant réciproquement sous le reflet des vieilles haines familiales de Klinglin contre le Magistrat de Strasbourg, haines qui vont pouvoir s'assouvir sur les fils et les petits-fils de ceux qui avaient dénoncé le grand-père et le père, tout cela, dis-je, n'équivaut pas assurément à une certitude absolue, mais autorise et légitime tous les soupçons. Bien entendu, je ne songe pas à nier que l'agitation générale des esprits, les antipathies populaires, la cherté des vivres n'aient eu leur part dans la crise du 21 juillet; mais il me semble presque impossible pourtant qu'il ne se soit pas trouvé quelqu'un pour faire jouer les ressorts de ces passions latentes, de ces instincts destructeurs qui se sont satisfaits par le sac de l'Hôtel-de-Ville. Et quand je cherche quel peut avoir été ce personnage que l'histoire ne nomme point, je n'en trouve pas qui

1. Le bailli Strobel de Kehl mandait le 27 juillet à Carlsruhe que le Magistrat allait envoyer une députation à Versailles pour se plaindre de l'état-major (*über die Generalitaet*), et que le prince de Darmstadt s'était ouvertement exprimé à ce sujet, attribuant à l'état-major toute la responsabilité des dégâts (Eimer, p. 81).
2. Dampmartin, *Mémoires*, t. II, p. 43. Un peu auparavant, il parle d'un « projet aussi vaste qu'important d'armer le peuple ».
3. Eimer, p. 81.
4. Eimer, p. 79.

5

ait eu plus d'intérêt à agir de la sorte que le baron de Klinglin ni qui ait été plus nettement désigné que lui par la tradition et par la rumeur publique comme le moteur principal de l'entreprise.

Si, par impossible, on lui a fait tort en cela ; s'il n'a été qu'un démagogue naïf en costume de général, désireux de se faire acclamer comme « père du peuple » et de montrer à tous qu'il était l'arbitre de l'opinion comme de la sécurité publique ; s'il n'a vraiment pas organisé ces scènes odieuses de pillage que nous avons racontées ; si c'est plus tard seulement qu'il a songé à émigrer et à entrer au service des ennemis de la patrie, il a certainement joué de malheur. Mais il n'a pu s'en prendre qu'à lui-même, à sa louche conduite, à son manque de dignité professionnelle, si les contemporains déjà l'ont cru capable de traîtrise, dès le début de la Révolution, et s'ils ont interprété les manifestations d'une ambition malsaine comme noirceur d'âme préméditée.

Nogent-le-Rotrou, imprimerie DAUPELEY-GOUVERNEUR.